ADEUS, FACEBOOK

Jack London

Adeus, facebook

O Mundo Pós-Digital

valentina

Rio de Janeiro, 2014
2ª Edição

Copyright © 2012 *by* Jack London

CAPA
Raul Fernandes

DIAGRAMAÇÃO
FA studio

Impresso no Brasil
Printed in Brazil
2014

CIP-BRASIL. CATALOGAÇÃO NA FONTE
SINDICATO NACIONAL DOS EDITORES DE LIVROS, RJ

L838a	London, Jack
2. ed.	Adeus, Facebook: o mundo pós-digital / Jack London. — 2.ed. —
	Rio de Janeiro: Valentina, 2014.

176p. : 21 cm

ISBN 978-85-65859-05-9

1.Inovaçõestecnológicas.2.Criatividadenatecnologia.3.Empreendedorismo. 4. Administração de empresas. 5. Administração - Inovações tecnológicas. I. Título.

	CDD: 658.4012
13-1733.	CDU: 65.012.2

Todos os livros da Editora Valentina estão em conformidade com
o novo Acordo Ortográfico da Língua Portuguesa.

Todos os direitos desta edição reservados à

EDITORA VALENTINA
Rua Santa Clara 50/1107 – Copacabana
Rio de Janeiro – 22041-012
Tel/Fax: (21) 3208-8777
www.editoravalentina.com.br

 **Sumário**

PARTE I
O Mundo Pós-Digital

1 A Sociedade Pós-Digital • 11
2 Nenhum Futuro? • 15
3 A Tecnociência como Soberana • 18
4 A Imortalidade Possível • 21
5 Mares, Máquinas e Massas • 24
6 Processos de Conhecimento • 27
7 A História do Velho Gut • 29
8 Século 20: uma Ciência Chinfrim • 32

PARTE II
Adeus, Facebook. Bom Dia, Futuro

1 Adeus, Facebook • 37
2 O Fim da Web • 40
3 O Reinado do Insustentável • 43
4 Yes, ICANN • 46
5 Os Novos Polos Dinâmicos • 49
6 Como Perder Dois Bilhões de Dólares • 52
7 Batalhas em Curso • 55
8 Twitter? Que Twitter? • 59
9 Deuses Agitados • 61
10 Do Você Parle Deutsch? • 64
11 Criatividade, Genialidade e Loucura • 67

PARTE III
Empreendedores e Empresas

1 Construindo Marcas • 73
2 Missão, Visão e Valores • 77
3 Empreender em Fogo • 81
4 O Verdadeiro Papel e Dimensão das PMEs • 85
5 Duas ou Três Coisas que Eu Sei Delas • 89
6 Bol(h)a de Cristal • 92
7 Aumentando a Produtividade em 500% • 97
8 Como Medir e Exercer a Tal da Criatividade • 102
9 Como Empreender com Baixo Risco num
   Momento Delicado da Economia • 105

PARTE IV
O Brasil, Você e a Internet

1 Me Serve, Vadia • 113
2 Brasil, País do Passado • 117
3 Crescimento Sustentável e Ignorância • 120
4 Ocupar a Internet Brasil • 124
5 Comunicação Tecnológica no Brasil • 128
6 A Copa de 2014: Oportunidades e Alertas • 132
7 Os Grandes Eventos de Massa • 138

PARTE V
A Crise da Tecnologia: Fim de uma Era

1 Acabou-se o que Era Doce • 143
2 Chegou a Hora dos e-Livros? • 147
3 Você É o que Você Fala • 150
4 Consumidor: Ai se Eu te Pego! • 154
5 Você e a Internet:
   Parceiros ou Apenas Conhecidos? • 159
6 Três Dicas de Enriquecimento • 163
7 O Tempo e os Ventos • 167
8 2014 Está Chegando: Previsões Inéditas • 171

PARTE I
O Mundo Pós-Digital

A Sociedade Pós-Digital

H á um uso corrente da palavra GLOBALIZAÇÃO e uma definição histórica e antropológica para o verbete. Em geral, no uso corrente, é usada em um discurso político sobre a prevalência econômica norte-americana na segunda metade do século 20 e seus efeitos sobre o mundo. Na América Latina, começa a ser usada como sinônimo da penetração econômica brasileira em países vizinhos.

No uso histórico, a reflexão é um pouco diferente: trata-se de estudar e refletir sobre um mundo em expansão econômica e concentração social, cultural e comportamental. Diversos aspectos dessa concentração podem ser listados.

As Religiões:

Dos deuses múltiplos da mitologia ao Deus único da sociedade após a Idade Média. O universo judaico/cristão/islamita: Abraão e seus filhos irrequietos. Centenas de ritos, sistemas de crenças, cerca de 2 mil formas de devoção ao desconhecido e ao sagrado desapareceram nesse longo caminho.

As Línguas:

Dialetos incontáveis vão se amalgamando até chegar hoje a quatro línguas gerais faladas por cerca de 75% da humanidade: inglês, mandarim, hindi e árabe.

Espanhol, francês, alemão e português são línguas acossadas, mas ainda respondem por cerca de 15% dos falantes do planeta. Cerca de 250 outras línguas são ainda faladas por 10% da humanidade. Estima-se que mais de 4 mil dialetos e sistemas de linguagem foram extintos ou massacrados nos últimos 3 mil anos, entre eles pelo menos uma centena em território brasileiro e suas fronteiras.

Grafia e Agrafia:
5 milhões de anos contra 3.500 anos

Em 5 milhões de anos de presença na Terra, os descendentes do *Homo erectus* criaram milhares de linguagens sem alfabetos e sem sistemas gráficos, existentes apenas na comunicação oral. Todas elas, ou sua avassaladora maioria, foram dizimadas pelas linguagens gráficas, em apenas 3.500 anos.

Os Povos:

Heráclito, considerado o primeiro historiador assim considerado, em sua magnífica obra *História*, e Xenofonte, que no seu *Ciropédia* contava a história de Ciro, o Persa, falavam da existência de mais de 700 povos apenas na região hoje conhecida como Oriente Médio.

Medas, farsis, hititas, caldeus, assírios, fenícios, etruscos, bororos, cadivéus, sioux, galegos e gaélicos deixaram apenas marcas históricas de suas presenças. Hoje, europeus, chineses, indianos, norte-americanos, russos, brasileiros e mais uma dezena de nacionalidades aglomeram e dão nome a 90% da população da Terra.

As Matemáticas:

Há mais ou menos 2 mil anos, o sistema baseado em frações de 10 era considerado como um sistema rudimentar e pouco sofisticado para a compreensão do mundo matemático, dominado pelos sistemas de 12 dígitos e pelo de 36. A Inglaterra, com a sua moeda, a libra, manteve o sistema duodecimal até bem pouco tempo. A matemática decimal dominou o mundo, extinguindo os demais sistemas de contagem. Uma só matemática para um só mundo numericamente conectado.

Os Sistemas Culturais e Comportamentais:

Há prevalência, a partir do século 16, dos valores centro-europeus (e depois norte-americanos), a partir das invenções (inovação organizada), das navegações (colonização e conquistas organizadas), das universidades (saber organizado), dos exércitos (forças de dominação organizadas), das tecnologias (ciência e metodologias organizadas), das religiões (crenças organizadas e estruturadas), das ideias de crescimento, progresso, dominação pela força e pela cultura.

O relógio, a pólvora, a impressão, o vapor e a industrialização não são invenções ocidentais, mas sim aplicados e sedimentados nessa parte do mundo.

No final do século 20, esse sistema cultural dominante chegou até a China, o Japão, os demais países asiáticos, a Índia, a América Latina e a África, aculturando bilhões de humanos ainda fora desse sistema até a metade do século 20.

O Brasil, segundo Darcy Ribeiro, foi, desde a chegada dos portugueses, um subsistema cultural europeu, caracterizado pela miscigenação e incorporação de diferentes povos e crenças, o que não aconteceu em países da América Latina.

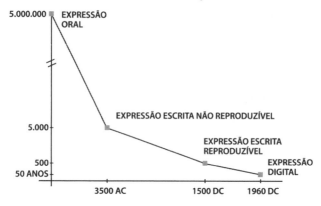

A história do homem é a história das tecnologias de arquivamento e recuperação de dados. Da comunicação oral passamos para a invenção da escrita, numa pequena cidade chamada Uruk, na Mesopotâmia, há cerca de 3.500 anos. Daí pulamos, 3 mil anos depois, para as máquinas de reprodução de textos e a *leiturização* da sociedade, com Gutenberg e seu prelo móvel.

O novo corte histórico nos encontra quase 500 anos depois, com a tecnologia digital e seus arquivos de múltiplas utilizações. Para onde iremos depois da dominação tecnológica digital?

Observando os prazos de vencimento de cada fase de globalização da comunicação humana, vemos uma curva achatada, que vai dos quase 5 milhões de anos de oralidade para os 3 mil anos de escrita sem reprodução e daí para os 500 de escrita reproduzida. Os tempos encurtam.

A sociedade pós-digital poderá perfeitamente surgir entre 50 e 100 anos da consolidação da era digital.

Quem viver verá.

Nenhum Futuro?

A grande quimera do gênero humano é a obsessão da plenitude: queremos saber tudo, dominar todas as capacidades e controlar o destino e o tempo. Em vão, nada se comporta como queremos, nenhuma técnica, habilidade ou conhecimento resiste a ele, moinho infindável da aflição humana.

Mudam os formatos das famílias, das casas, do ensino, do trabalho, das relações humanas, das comunicações, das sexualidades e dos arranjos sociais e econômicos.

Somos cada vez mais, individualmente, unidades de vida, ação, pensamento e desejos. As tecnologias de individuação completam esse processo: celulares, genomas, fármacos, miniaturização de objetos, arquivos em nuvem. Todos, além de consumir, produzem tudo: peças gráficas, informação, CDs, rádios, livros, perfumes, cervejas, pães, canais de comunicação.

No entanto, estamos cada vez mais distantes da afirmação de que "nenhuma sociedade pode se estruturar sem as *coisas vagas*", feita pelo poeta Paul Valéry. Tudo parece estar preenchido, determinado, e o adjetivo "vago" não cumpre as exigências da produção, da tecnologia e da ciência.

O futuro não é mais o que era? Que futuro tem uma sociedade que, atropelada pela produtividade, perde contato com a reflexão?

> **O futuro não é mais o que era?**
> Que futuro tem uma sociedade que, atropelada pela produtividade, perde contato com a reflexão?

Será o futuro, a partir de agora, o tempo do sempre igual? Estará extinto o significado do futuro como tempo de espera, imaginação e pensamento, as *coisas vagas*? Entre as *coisas vagas* estão o sentimento da paixão, a pulsão erótica, o medo do desconhecido e a apreensão permanente com o fim, com a morte, com o destino finito. Durante milênios, a construção mental que permitiu ao homem enfrentar esses desafios foi a religiosidade. Foi e ainda é. A religiosidade e a fé moldaram todas as realidades sociais durante longo tempo: governos, crenças, mitologias, modelos de vida.

Mas nos últimos 100 anos, a partir de Darwin, Freud e Einstein, um novo modelo mental vem disputando a estruturação do pensamento de povos e seus valores, especialmente nos países do Ocidente: a tecnociência como valor absoluto.

Será possível abraçar a tecnociência, e seus valores, sem lhe dar a condição de nova religiosidade? Será possível conciliar os valores práticos e os valores subjetivos e criar modelos matemáticos para as *coisas vagas*?

Na prática diária do mundo dos negócios, a crise de 2008, que ainda resiste às tentativas de superação postas em prática por vários países, mostra como a ideia de planejamento e de previsões para tudo pode ser inútil. Nenhum centro de pesquisas, nenhuma universidade ou empresa, foi capaz de prever o tamanho e a dimensão da crise. É como se todos os instrumentos de medição e contenção que temos hoje fossem inúteis, servissem apenas para os momentos de normalidade.

Quando uma crise dessa dimensão se instala — e elas têm sido recorrentes nas últimas décadas —, os limites da tecnociência tornam-se evidentes.

Nesses momentos, temos a sensação de que as *coisas vagas*, o inesperado, o não planejado, mostram sua força e nos empurram para situações que não queremos e não pretendíamos viver.

Quem sabe está na hora de nos debruçarmos com mais atenção sobre o estudo respeitoso e não preconceituoso sobre as *coisas vagas*?

A Tecnociência como Soberana

Em 1939, em Buenos Aires, um homem a caminho da cegueira, em uma velha máquina de escrever, falava com o século 21, através dos olhos que não queimam nem se apagam, os da sensibilidade e da imaginação: "Um dos hábitos mais retumbantes da mente humana é a invenção de imaginários espantosos. Inventou o Inferno, inventou a predestinação, imaginou as ideias platônicas, a Quimera, as esfinges, os números transfinitos, as máscaras e os espelhos."

Esta será mais uma: a vasta e única biblioteca que conterá todos os livros do mundo, com o incessante risco de se transformarem em outros livros e, portanto, ao mesmo tempo, negar e afirmar razões diferentes, e, ao negar e confundir, comporta-se como uma divindade delirante.

Claro que me refiro a Jorge Luís Borges, o infindável.

Na era clássica, vivemos tempos de divindades "à la carte", em que cada experiência humana tinha seus próprios regentes — em alguns casos, dezenas deles —, cada um cuidando do seu micromundo e balizando os gestos humanos.

A Renascença, com a vitória definitiva da ideia do Deus único, coloca em cena o homem e a razão, ao mesmo tempo que põe em circulação o conceito do livre-arbítrio e do homem como medida de todas as coisas.

Estaremos hoje às margens de um novo reinado, desta vez de uma tecnociência cada vez mais autônoma e surpreendente, a ponto de, como disse Borges, agir como uma divindade delirante?

Os capítulos de um novo evangelho parecem estar sendo escritos a cada dia:

1. A marcha das revoltas, uma nova forma de participação social e de culpas históricas. Tradicionalmente, revoltas eram creditadas na conta de causas econômicas, políticas, religiosas e raciais. Hoje, independentemente de suas causas, há um só responsável por qualquer estampido humano: a "maldita" internet, que deve ser sempre punida, seja no Egito, na China, no Reino Unido ou na esquina de sua casa.

2. Uma das mais tradicionais formas do comportamento humano, a solidão, acaba de mudar de endereço e forma. Classicamente, solidão era a condição dos humanos que viviam reclusos ou em ambientes sem convívio com outros humanos.

Em recente pesquisa desenvolvida nos países da Organização para a Cooperação e Desenvolvimento Econômico (OCDE), foi colocada em pauta a seguinte pergunta: para você, o que é hoje a solidão? A maior parte dos pesquisados respondeu que solidão é não estar conectado. Essa é a solidão do século 21, que deixa de lado a presença física de outros humanos no mesmo ambiente, mas declara ser imprescindível estar no mesmo ambiente onde estão hoje 2 bilhões de humanos.

3. Mais uma nova pesquisa revela que a maioria desses 2 bilhões de humanos começa a se transformar em uma nova

> Será a tecnociência uma nova forma de divindade, onipresente e infalível?

forma humana: depois do *Homo sapiens*, o *Homo tela*. Passamos de 10 a 12 horas por dia olhando uma tela, seja ela de um PC, uma TV, um tablet, um smartphone ou um game device. A principal atividade desses seres é olhar e interagir com uma tela. Tire sete ou oito horas de sono, e nos sobram de quatro a seis horas para comer, dançar, amar, caminhar sem destino e jogar bola de gude. Alguns já executam essas tarefas secundárias enquanto olham as telas...

Vem aí a internet semântica, o fim do aprendizado da escrita cursiva, a transmissão e a recuperação de informações cérebro a cérebro. Estar conectado enquanto dormimos está previsto para 2040.

Quem será esse novo ser, onipresente como os antigos deuses e absoluto e universal como o Deus único? Quem será esse novo demiurgo, esse balizador de nossos destinos, e quem será esse novo humano, projetado para jamais se calar?

Uma divindade delirante ou apenas a Geni, aquela da música do Chico, em quem jogamos pedra sempre que alguma coisa não funciona ou sai dos trilhos, a partir da visão de alguns?

Respostas diretamente para Jorge Luís Borges, que acaba de completar 113 anos, no Cemitério dos Reis, em Genebra, onde descansa ao lado de Jean Piaget, educador e psicólogo, e Calvino, líder da Reforma Protestante.

Gente fina.

A Imortalidade Possível

O conjunto dos seres animais vivos é composto de milhares de espécies, todos com suas cargas genéticas e seus processos evolutivos. Ao longo dos séculos, muitas características físicas se modificam e algumas espécies caminham para a extinção, enquanto outras se multiplicam geometricamente.

Coelhos vivem de cinco a sete anos, gatos de 15 a 19 anos, elefantes de 100 a 120 anos, e tartarugas podem viver por mais de 150 anos.

No início do século 20, o ser humano vivia em média 40 anos, mais ou menos como as mulas, os asnos e os muares. No início do século 21, os humanos vivem em média quase 80 anos, e a expectativa é de que viverão, em média, 90 anos até o meio deste século. Todas as outras espécies animais continuam vivendo exatamente a sua condenação genética original, vivem hoje o mesmo tempo que viviam há 100, 1.000 ou 5 mil anos. O animal humano, que na sua origem se alinhava com os menos resistentes, hoje já se alinha com os mais longevos, e em breve terá a *casca* dura e resistente de elefantes e tartarugas.

Que formidável e inusitada conquista da ciência, da educação e dos sistemas de saúde e do comportamento. É, sem dúvida, o maior feito já obtido pelos humanos, muito acima de qualquer outra conquista técnica, social ou emocional, é um resultado inesperado, conseguido sem ter sido uma meta

> Se você nasceu nos últimos 20 anos, prepare-se para viver 50% de anos ativos e de mais trabalho que seus avós. Empreendedores, preparem-se para manter seus negócios até o final deste século.

política ou econômica de qualquer corrente política ou movimento social. Você trocaria novas conquistas materiais por mais cinco anos de vida?

E se algum partido político lhe oferecesse, em vez de estabilidade no emprego ou inflação zero, mais 10 anos de existência plena e saudável, seu voto iria para ele?

Paradoxos de nosso tempo: a maior conquista humana, acima de qualquer outra, não tem dono, inventor, não paga direitos autorais a ninguém, nem royalties ou impostos.

Nasceu da tenacidade e da inteligência humanas, regada pelas conquistas tecnológicas, pelas obras de saneamento e acesso a água de qualidade, e pela disseminação indiscriminada do conhecimento e de novos hábitos sociais de comportamento. Novos *gerontos*, com habilidades, percepções e sexualidade ativas, que vivem na plenitude seus atos e pensamentos e participam da vida social sem restrições.

Trinta a 40 anos a mais de vida, que desestabilizam todos os projetos econômicos em vigor até o dia de hoje. Você aí que me lê neste instante: se você nasceu nos últimos 20 anos, prepare-se para viver mais 50% de anos ativos e de mais trabalho que seus avós, ou seja, mais ou menos 55/60 anos de honrosa labuta diária, anos esses regados por biotecnologia, genomas sequenciados e clonagem de órgãos.

Ao mesmo tempo, estaremos vivendo uma mudança no formato das cidades, das casas e dos produtos, cada vez mais pensados e produzidos para pessoas acima dos 50/60 anos.

Programas de governo e políticas públicas terão seu eixo alterado. Escolas poderão ser fechadas e transformadas em centros de convivência, alimentos adequados para a longevidade serão vendidos nas lojas como hoje se vende produtos orgânicos ou dietéticos.

Nenhuma notícia, mesmo a anteriormente anunciada, deixa de possuir seus senões. Vida longa, trabalho longo. Preparem-se para manter suas habilidades e conhecimento em dia e em atividade até os lustros finais deste século. Empreendedores, preparem-se para manter seus negócios até o final deste século.

BOA SORTE!

Mares, Máquinas e Massas

Nos últimos 500 anos, a história da riqueza dos países foi escrita de formas diferentes, na medida em que o conhecimento se desenvolvia. Não estamos falando de padrões de riqueza de cada ser humano particularmente, mas dessa forma de organização social adotada modernamente chamada Estados/Países.

A primeira grande onda de enriquecimentos nacionais veio do Mar. Aqueles que se dedicaram à navegação e às conquistas marítimas e territoriais foram os países da primeira leva de metrópoles internacionais, com presença em diferentes continentes e com uma acumulação de riquezas crescente. Do Mar vieram o poder e os tempos gloriosos de Espanha, Portugal, Inglaterra, França e Holanda. O Tratado de Tordesilhas, tão estudado em nossas escolas, é uma demonstração esdrúxula da arrogância de Portugal e Espanha sobre as terras da América: uma linha imaginária e estão divididas riquezas e populações; daqui pra lá é tudo meu, e daqui pra cá é tudo seu. Bisonho, o tratado não resistiu aos primeiros ventos e se manteve apenas como recordação canhestra da suposição de poder que acompanha os pretensos conquistadores durante a história. O Mar, como nova fronteira, gerou, no entanto, riquezas e acumulação durante quase 200 anos.

Ocupadas praticamente todas as fronteiras marítimas, o que era novidade passou a ser apenas necessidade de manutenção,

O Mundo Pós-Digital

e diversos países, antes conquistadores, viraram colônias. Os casos mais visíveis são Portugal, Espanha e Holanda. Uma nova forma de poder econômico se estabeleceu: a Revolução

Nos últimos 500 anos, a história da riqueza dos países foi escrita de formas diferentes, mas todas começando com a letra M.

Industrial, o império das Máquinas e dos produtos delas decorrentes. Durante outros 200 anos, Inglaterra, França e logo depois os EUA se transformaram nas grandes potências, exportando máquinas e mercadorias para todo o mundo.

A riqueza dos países vinha da produção e comercialização de mercadorias, e os países produtores eram os maiores geradores de riqueza comparativa. O que antes vinha do Mar, passou a vir das Máquinas.

Sem qualquer aviso, a partir das últimas décadas do século 20, o império das Máquinas foi se reduzindo e uma nova realidade se impondo: ricos são países com grandes massas de consumidores, que permitem a Estados outrora sem expressão econômica alcançarem posições de liderança entre as economias mundiais. Nas fases do Mar e das Máquinas, países com pouca população e limitada geografia frequentaram por muito tempo a lista dos mais poderosos. No mundo das Massas, a geração de riqueza, modernamente conhecida como Produto Interno Bruto, terá na sua lista de líderes, cada vez mais, países com grandes massas consumidoras.

No decorrer do século 21, Estados Unidos, China, Japão, Brasil, Índia, Rússia e vários outros estarão entre os maiores geradores de riqueza local e todos eles são países com mais de 100 milhões de habitantes. No mundo pós-moderno, a riqueza vem do consumo e do potencial de gigantescas massas populacionais terem a capacidade de consumir regularmente. Adeus França, Itália, países nórdicos, Argentina e tantos outros Estados com menor contingente populacional. O século 21 será o século das Massas consumidoras e de seus países.

Ao contrário do que imaginávamos no começo deste século, a capacidade de gerar ciência e tecnologia não redunda necessariamente em poderio econômico, pois a criação e as utilizações de tecnologia ocuparam o mundo, e a Índia, por exemplo, tem mais celulares do que toda a América Latina, fora o Brasil.

Ciência e tecnologia são vitais para a massa crítica de desempenho dos países, mas a riqueza nacional é hoje um subproduto da essencial existência de Massas consumidoras.

E assim estamos vivendo mais um ciclo: Mar, Máquinas e Massas.

Onde e quando terá início o próximo?

Qual será o quarto M?

Processos de Conhecimento

Todas as gerações que povoam a Terra acalentam uma eterna ilusão, como as anteriores: a ideia da estabilidade, a ideia de que o que existe é perene e que uma vida ou uma época são realidades constantes.

No entanto, um país, uma cidade, qualquer aglomerado humano têm em sua base um processo de conhecimento, uma maneira de educar, aprender e agir, transmitir conceitos, valores e emoções, que mudam muitas vezes ao longo de uma vida.

Todas as maneiras de ser, sem exceção, são resultado de um processo que se sobrepõe à consciência ou aos atos da razão.

Ou seja, antes do cotidiano há os processos de conhecimento, há formas de aprender o mundo ou, mais claramente, tecnologias de aprendizado, expressão e formação do ser.

Os trabalhadores regulares na sociedade da informação do início do século 21, aqueles que já nasceram no universo digital, agem com relação a suas vidas exatamente da mesma maneira que seus pais e avós agiam: com a certeza de que o que hoje sabem e fazem será sempre o padrão de suas vidas.

Que tal se perguntar o que fazíamos há 10 anos, sem o Facebook e o Twitter? Como conseguíamos viver sem as redes sociais? O que fazíamos para acessar conceitos e conhecimentos antes do Google?

> Qualquer aglomerado humano têm em sua base um processo de conhecimento, uma maneira de educar, aprender e agir.

Há 15 anos, nenhum desses sites e ferramentas existiam, e seguindo a lógica do colapso abrupto de hábitos e sistemas tecnológicos, provavelmente não existirão dentre de mais 15. Não chore, não se desespere, apenas reflita.

Estruturas empresariais e modelos de negócios devem ter sempre em mente a ideia de que o tempo tecnológico é curto, e tudo em que confiamos hoje será, em breve, lixo.

Internet.2? Nada perto da internet semântica.

Web? Nada perto de *peer to peer*, vídeos e outros formatos de transmissão de dados e voz.

Impressoras a laser? Nada perto das impressoras em 3D.

Cem megas de banda larga? Nada perto da internet quântica.

PCs, notebooks e tablets? Esqueça, pense num bem próximo CelTab.

A distância entre o hype e o nada é uma pequena marcação fora do espaço chamada tempo.

O longo caminho da humanidade sobre a Terra já consome quase 5 milhões de anos.

A história conhecida, com o registro de relatos, caminha aos saltos e colapsos. É uma história de surpresas inesperadas, sempre e a cada novo amanhecer. Um dia, você dorme se achando Steve Jobs, e no dia seguinte acorda Nabucodonosor.

A tecnologia é como todos os processos humanos, autofágica e inesperada. *Tempos fugit*, como diziam os romanos, ou, se você quiser, numa versão mais moderna, "já era".

A História do Velho Gut

Em 1440, Johannes Gensfleisch Gutenberg começa suas experiências com o que na época foi chamado de "escritura artificial".

Quando Gut iniciou seus estudos sobre a reprodução mecânica de textos, era um exilado político que vivia em Estrasburgo, Alemanha.

Em 1450, Gut volta a Mainz, sua cidade natal, para tentar explorar comercialmente seu invento.

Como não tinha à sua disposição o SEBRAE, algum *angel investor* ou *venture capitals* e seus sistemas de apoio, e sem recursos próprios, Gut tomou um empréstimo do advogado e financista Johannes Fust. Foram 800 florins. Em 1452, ainda sem resultados concretos em seu trabalho, Gut pede mais 800 ao senhor Fust. Nesse momento, Gut cede parte de suas ações na empresa ao senhor Fust, que passa a ser sócio da "produção de livros".

Em 1455, Gut ainda procurava seus caminhos, mas o advogado já havia se cansado: desapropria e toma a maior parte da oficina de Gut, que passa ao comando do cidadão Peter Schaffer, seu genro.

Gut fica apenas com um pequeno prelo, no qual, em 1458, imprime as Bíblias de 42 linhas, prodígio tecnológico para a época, criando uma técnica de impressão que se perpetuou por séculos, inclusive na oficina da dupla Fust & Schaffer.

Curiosa a relação entre investidores e empreendedores. Muitas vezes o resultado concreto de uma invenção, o retorno financeiro, fica na sua maior parte com o investidor, mas o nome que vai para a história é o do gênio criativo.

Qual desses dois nomes passou para a história: Fust ou Gutenberg?

Alguma vez você ouviu os nomes dos primeiros investidores no Google ou na Apple?

Há nessa história uma regra comum que persiste até nossos dias. Para produzir novas ideias, o indivíduo isolado é mais bem-sucedido. Mas para pôr ideias em prática é preciso uma instituição. Instituições no entanto se cristalizam

___

Vida e morte de Gutenberg, o velho teimoso.

___

e se tornam empecilhos para inovações adicionais. Tornam-se espaços de interesses, amparados por grupos que investiram e têm medo de perder seu capital intelectual. A história social do conhecimento é a história permanente de conflito e interação entre inovadores e o *establishment*, entre amadores e profissionais, entre empresários e assalariados intelectuais.

É um jogo entre inovação e rotina, fluidez e fixidez, degelo e congelamento, risco e oportunidade.

Apesar de nossa significativa simpatia pelos inovadores, é bem possível que esse jogo, ao longo da história, mostre um forte equilíbrio entre os dois grupos, cada qual contribuindo, a seu modo, para a consolidação e a destruição de etapas do conhecimento.

Agora que você já conhece a história de Gut, mas também o papel de Fust, retomo a pergunta: apenas um ou ambos merecem um papel na história?

Acredito que a humanidade deve aos consolidadores um pouco mais de reverência e sugiro que alguém escreva esta história: a história dos investidores digitais.

Alguém se habilita?

Século 20: uma Ciência Chinfrim

Discussão boa é aquela que identificamos em seus primórdios, antes de uma ideia nova se impor ou ser rejeitada terminantemente pelo saber dominante. Quando uma discussão está "resolvida", só nos resta dizer amém ou aceitar com relutância a marcha dos tempos. A conversa de hoje é sobre um assunto que ainda está "nos cueiros" e que no Brasil ainda não aportou com o relevo devido. Vamos aos fatos, ou melhor, às ideias.

É senso comum que a grave crise econômica vivida por dezenas de países irá se resolver com medidas de restrição ou com medidas de crescimento da produtividade, mas sempre com medidas exclusivamente econômicas.

De repente, uma nova ideia surge: o atual colapso dos países reflete uma estagnação em tecnologia e inovação no século 20. Peter Thiel (investidor em TI) e Garry Kasparov (matemático e ex-campeão mundial de xadrez) afirmam que as tecnologias reveladas no século 20 são irrelevantes ou, como afirma o título da matéria, invenções e tecnologias chinfrins (fracas, medíocres). E mais: não haverá fim da recessão se não houver um novo surto de capacidades científicas, como no século 19. Mudanças econômicas não resolverão essa crise.

O século 19 foi o tempo da utilização maciça da energia elétrica (Nova York foi iluminada em 1896), da água encanada em casas e cidades, das rodovias criadas para atender ao desempenho dos motores a combustão, da eletrificação de países e do planejamento urbano, onde antes havia apenas aglomerados sem saneamento. Todas essas medidas — e tantas outras — organizaram novas cidades, novas profissões e novo empuxo econômico.

Segundo os autores, os grandes avanços do século 20 foram as tecnologias de informação e a medicina genômica. Essas fantásticas conquistas são, no entanto, de uso pessoal e não produziram mudanças nas cidades, nos modelos econômicos ou na organização social como um todo.

Outro autor, Robert Gordon, afirma que os 250 anos que se seguiram à Revolução Industrial foram uma exceção à história do homem, marcada pela estagnação. Diz ele que as tecnologias do século 20 são pálidas, se comparadas às do século 19.

E nós aqui achando que estávamos abafando, com nossos smartphones, redes sociais, buscadores, tablets e que tais. Temos agora de baixar a cabeça e ouvir resignadamente que tudo que consideramos "modernidades digitais" são apenas pálidas engenhocas, se comparadas aos "magníficos avanços" da ciência no século 19.

As novas teses afirmam que temos de fazer um grande esforço para modernizar as cidades e os serviços que nelas são prestados: novas formas de locomoção, novas fontes de energia, limpas e sustentáveis. Quanto à tecnologia da informação, aplicá-la como motor de novas sociedades, dedicadas mais a aplicações coletivas, e não individuais, colaborando para tornar os trabalhadores da inteligência livres do trabalho

> Para alguns autores, a tecnologia digital é irrelevante e o mundo precisa de um surto de invenções como o do século 19.

alienado e da "neoescravidão" dos galpões de fábricas e dos grandes escritórios.

Evidentemente, nem todos os pensadores concordam com a novidade e as discussões estão acirradas, chegando em alguns casos a agressões verbais de parte a parte, uns chamando os outros de "regressistas renitentes" e outros chamando uns de "novidadeiros equivocados".

Antes de meter a mão nessa cumbuca, gostaria muito de, novamente, ouvir a opinião dos prezados leitores. Qual a invenção mais importante: a internet ou a eletricidade?

As redes sociais e o iPhone ou a água encanada? Os novos fármacos (pílulas, Viagra, antidepressivos e métodos para prolongar a vida) ou estradas asfaltadas e motores a combustão?

Onde você se inclui com mais entusiasmo: entre os "regressistas renitentes" ou entre os "novidadeiros equivocados"? Ou vamos, como é hábito entre nós, ficar em cima do muro, um pé cá e outro acolá?

PARTE II
Adeus, Facebook. Bom Dia, Futuro

Adeus, Facebook

Nos idos de 2009, escrevi um artigo em que afirmava que o Orkut (lembram-se dele?), na época a mais importante rede social, brevemente perderia seu lugar. Orkutianos fanáticos me responderam com delicados insultos, pois consideravam a afirmação um despropósito, uma espécie de campanha negativa. Como sempre faço nesses casos, não respondi, apenas me lembrei mais uma vez, com saudade, do Altavista, do Yahoo!, do Geocities, do Second Life e de tantos outros.

A hora do adeus ao Facebook como rede social dominante está chegando. As razões são várias. Começo por um artigo escrito pelo jornalista Nick Foley, no jornalão americano *USA Today*. Segundo ele, os adolescentes americanos já estão migrando para novos sites. O crescimento do Face é cada vez menor, e o questionamento sobre os números divulgados é cada vez maior. Segundo Nick, os meninos estão em busca de algo mais atual. Jake Katz, arquiteto-chefe do site YPulse, afirma que o Face virou "um apelo de massas para que multidões incluam seus filhos e familiares como amigos, criando uma conversa familiar, e não uma rede social". Jake produz então uma frase de efeito, de grande força: "Há um novo sabor de gratificação pessoal na procura de novas redes, papel que o Face já não pode mais cumprir." Segundo pesquisa de mercado do YPulse, cerca de 18% dos teens americanos preferem "check-in" no Foursquare, e 10% dizem que o Pinterest é um site melhor para navegar. São números já hoje importantes, e sua tendência é de crescimento. Outro dado importante é a redução acentuada do crescimento do Face. Segundo a empresa de pesquisas ComScore, o Face, que afirma ter quase 900 milhões de membros, teve, em abril de 2012, *apenas* 158 milhões de visitantes únicos, o que corresponde a um crescimento de 5% sobre os números de abril de 2011. Chama atenção o fato de que o crescimento entre abril de 2010 e abril de 2011 foi de 89%.

O Facebook tenta reagir, com diversas iniciativas e mudanças no site, mas a história da internet, a curta e fulminante história da internet, é implacável: um céu de estrelas brilha sempre enquanto logo abaixo um cemitério de gigantes caídos emite fogos-fátuos, bruxuleando agonias. O último fato que chama a atenção na história recente é a forma equivocada como a empresa preencheu seus formulários para a Oferta Pública de Ações (IPO). Números que não se confirmam e projeções duvidosas. Esse assunto, no entanto, deve ser observado com mais atenção por todos, especialmente por você, caríssimo leitor, empreendedor ou profissional. Estamos assistindo estarrecidos, aqui mesmo no Brasil, a esse fato se repetir, desta vez com as maiores empresas do país. A atual presidente da Petrobras, Graça Foster, foi a público afirmar que nos últimos anos a empresa viveu num mundo de fantasia, com planejamentos e propostas longe da realidade. Uma refinaria que seria construída com investimento de US$ 3,7 bilhões não ficará em pé com menos de 20. E a OGX, empresa líder do grupo de Eike Batista, que afirmava que seus primeiros dois poços de petróleo teriam uma produção de 12 a 15 mil barris por dia já admite, depois do relatório de um grande banco americano, que esse

> A hora do adeus ao Facebook como rede social dominante está chegando.

número não passará de 5 mil barris. Como assim? Onde foram parar os outros 10 mil barris diários? Rumores de que a mesma situação se repetirá brevemente com a Vale inquietam os investidores. Tome cuidado com o que você lê, reflita, compare fontes, desconfie de números estratosféricos, que nos dão a sensação de que também podemos reproduzi-los e que se não o fazemos é porque não temos "ousadia", "foco" e "crescimento acelerado".

Viver, meus amigos, é um pouquinho mais complicado e, se o seu empreendimento se consolida lentamente, tenha certeza: você faz parte da grande, da imensa maioria de brasileiros que batalham para fazer suas empresas chegarem ao futuro.

Comecei com o Facebook e acabei com a Petrobras, a OGX e a Vale.

E você, onde está, montado em ilusões ou com os pés no chão, que às vezes é atoleiro, mas quase sempre é ponto de apoio?

O Fim da Web

Pesquisa realizada e divulgada recentemente pela empresa canadense Sandvine, especializada em medir e acompanhar os fluxos de acesso e uso da internet, vem causando enorme celeuma e impulsionando grandes veículos da mídia especializada a se aventurarem em conclusões um tanto apressadas e de alguma forma equivocadas.

Uma delas estampou em sua capa, com letras garrafais, a afirmativa contundente: A WEB ESTÁ MORTA! Na parte de baixo, com letras miúdas, vinha a contrainformação: Mas a internet cresce muito!

O leitor de banca de jornal, aquele que se limita a ler o título chamativo da capa, saiu com a certeza de que, no mundo da tecnologia, universo ao qual ele acaba de chegar, alguma coisa estava errada, e não sabia o que era.

Esclarecendo: internet é o termo genérico que engloba todos os acessos de todos os usuários, em todo o mundo, remotamente conectados em rede, para qualquer propósito ou uso.

Web, segundo a empresa de pesquisa, é o nome dado aos contatos feitos pela rede em sites que englobam pesquisa, textos, comércio eletrônico, acesso remoto a serviços diversos, e-mails, blogs etc. Esse é o pedaço da internet chamado de web.

Além desse setor, a pesquisa identifica outros tantos.

Entretenimento em tempo real, P2P (partilha de arquivos), jogos, redes sociais, serviços técnicos e comunicação em tempo real, além de outros menos populares.

A grande novidade é que o uso da web, que se confundia com a própria internet até há poucos anos, vem deixando de ser o mais habitual na rede. Contabilizados os dados de quatro regiões (América do Norte, América Latina, Ásia e Europa), chegamos a informações impressionantes sobre a nova internet. Eis as principais:

1: Se você ainda pensa que a internet é um brinquedinho norte-americano com umas poucas ramificações aqui e ali, mude o disco: 42% dos acessos mundiais à rede vêm da Ásia, hoje a líder da internet mundial. Em segundo lugar, vem a Europa, com 24% dos acessos, e, em terceiro, a América do Norte, com 20%. Fechando a conta, a América Latina, com 8%, e a África, com 6%.

2: Somando os continentes, eis o resultado por área acessada:

1º lugar — Entretenimento em tempo real
2º lugar — P2P
3º lugar — Web

3: Com esses dados, a internet é cada vez mais um canal de transferência de mídia, como a TV aberta, a TV a cabo e o rádio, e passa a fazer parte desse setor da economia, e não mais do setor de comunicação e conteúdo, ao menos prioritariamente.

> O uso da web, que se confundia com a própria internet até há poucos anos, vem deixando de ser o mais usual na rede.

Para os brasileiros, uma informação curiosa e intrigante: as redes sociais não têm qualquer importância nesse ranking e simplesmente não pontuam na Ásia e Europa. Na América do Norte, são insignificantes 2,7% dos acessos e, na América Latina (leia-se Brasil), aparecem com 5,9%. Ou seja, redes sociais não têm qualquer expressão maior na internet mundial, em termos de acessos, à exceção do Brasil. Estaremos todos bêbados ou milhares de páginas e trabalhos sobre as redes serão apenas espuma flutuante?

Outra característica curiosa: o único continente onde a web ainda está em primeiro lugar é a Europa, onde o uso do P2P é muito reduzido, se comparado a outros continentes.

Sendo assim, se você quiser ser um cidadão absolutamente em dia com o hype da rede, anote aí: de cada 10 minutos que você passa na rede, em quatro você deve estar usando entretenimento on-line, deve gastar três minutos em P2P, dois na web e o restante nas outras bugigangas do mercado.

Redes sociais nem pensar. Asiáticos, europeus e norte-americanos torcerão o nariz se souberem que esse hábito menor na rede viceja e prospera aqui no Brasil.

Conclusão possível também: a tal empresa de pesquisa não entende nada de internet e não sabe que aqui, em se plantando, tudo cresce.

O Reinado do Insustentável

Conversar com desconhecidos era prática vetada por pais e mães até o século 20. Hoje, estimulamos, via redes sociais, uma conversa que não tem fim ou limites e, muitas vezes, nem mesmo o reconhecimento do outro, ou aquele que responde.

Cada vez que encerramos a elaboração de um texto, o que exige reflexão e pesquisa, já sabemos o que vai acontecer com essas horas de trabalho: irão se perder em um redemoinho cada vez mais intenso.

Recentemente, o *New York Times* divulgou uma pesquisa sobre os tempos de uso de informações nos Estados Unidos. A pesquisa apenas confirma que a internet é cada vez mais o mundo do efêmero. No espaço de informação da internet, tudo é volátil, e a palavra "duradouro" não existe. Atenção! Esta é a dica: em um universo volátil, negócios também são voláteis, rápidos no uso e na geração de conteúdo, e ligeiros nas mudanças midiáticas e operacionais.

No Twitter, um link é visto, em média, por três horas. Depois disso, vira apenas paisagem, um não lugar. No Facebook, esse tempo é de 3,2 horas, e, no YouTube, de 7,4 horas. Nos sites jornalísticos, o tempo de acesso pleno de uma notícia não passa de cinco minutos. Depois disso, quem viu, viu, e quem não viu, não verá mais. Acessos após esses períodos são raros, apenas para completar pesquisas ou trabalhos escolares.

> **Estaremos vivendo o tempo do fim da informação e da reflexão duradoura?**

Em um suporte tradicional, como o papel, esse fenômeno também existe. Uma revista mensal tem seu pico de leitura e venda na primeira semana e vai sumindo nas prateleiras das bancas até terminar sua vida misturada às palavras cruzadas.

Estaremos vivendo o tempo do fim da informação e da reflexão duradoura? O fim da matemática mental já é uma realidade. Não mais pensamos matematicamente, apenas usamos um software de cálculo. O fim da escrita cursiva já se avizinha (em alguns estados norte-americanos, a alfabetização é feita agora com o alfabeto gráfico, este que você lê agora), e linguagens comuns entre homens e máquinas estão a ponto de se estabelecerem, tornando letra morta a escrita como forma de busca e acesso na internet (será o fim da atual geração de sites de busca, como Google, Bing etc.?). A capacidade de buscar, ver e absorver informação será medida em minutos ou segundos.

Ao mesmo tempo, toda e qualquer informação terá vida útil cada vez mais reduzida. Giggia, jogador de futebol uruguaio responsável pela derrota do Brasil na Copa de 1950, dizia que, para ele, futebol era simples como a vida e se resumia apenas a uma frase: "Toco y me voy."

Assim estamos e estaremos daqui até o final dos dias: informações efêmeras, urgentes e inesperadas como o vento. Para cada um de nós, absorver conhecimento será como jogar futebol: *toco y me voy*.

Como em *Missão Impossível*, você tem apenas cinco minutos para refletir sobre as informações que partilhamos nas últimas duas horas. A partir daí, seu celular vai tocar, suas mensagens e e-mails vão cobrar sua atenção e tudo que fizemos aqui será autodestruído e se transformará num único bit ambulante vagando no espaço. Fim do contato.

Yes, ICANN

A novidade não vem mais do Brejo da Cruz, onde, como diz a canção, crianças comiam luz. Aliás, nos tempos de hoje, crianças, em todos os Brejos da Cruz, quando comem, comem bits, outra forma de luz. A novidade vem de mais longe, precisamente do ICANN, organismo internacional de controle e gestão dos domínios da internet: a partir de 2013, poderemos solicitar registros de novos domínios sem usar as terminações hoje usuais na rede. Isso significa que você poderá ter um site apenas e exatamente com o seu nome, e uma empresa poderá ter no seu registro de domínio seu nome exato. Nomes criativos serão também aceitos, como jabuticaba.brasil, tantofaz.comotantofez, ou ainda, assimé.selheparece.

Do ponto de vista da identificação de um site com uma empresa ou com um produto, a repercussão será enorme, e a criatividade na identificação de sites será turbinada de maneira expressiva. Alguns critérios de aceitação dos nomes de domínios serão obviamente preservados, especialmente aqueles que dizem respeito ao uso de marcas e nomes de notório conhecimento público. Essa novidade será um passo gigantesco para facilitar a navegação e a identidade entre o chamado "mundo real" e a rede. Hoje já estamos, praticamente, também dispensados do uso da expressão www e seremos, em todos os mundos, o que somos na vida "real".

Várias modificações já foram introduzidas nessa questão nos últimos anos. Nos primórdios da internet, só existia o .com. Logo em seguida, novas terminações foram criadas, e a lista foi sendo ampliada. Hoje temos no Brasil 68 diferentes terminações para sites e blogs, com um total aproximado de 2.520 mil registros efetivos.

Já é possível registrar um site sem usar terminações tipo .com.br.

O que chama a atenção nessa história é que uma certa dose de desconhecimento e conservadorismo dos empreendedores virtuais brasileiros faz com que essa possibilidade de diversificação seja praticamente ignorada por nosso mercado.

Uma consulta ao Registro.br, órgão encarregado de controlar e gerir os domínios no Brasil, mostra que 91% dos registros ainda carregam a denominação .com.br, ignorando assim a enorme possibilidade de preencher outros nichos de mercado. Por que um veículo de mídia não ocupa também outros domínios, com edições customizadas eletronicamente, tais como arq.br (arquitetos), med.br (médicos) ou tur.br (turismo)?

Eu, se marqueteiro fosse, registraria o site de meus clientes na terminação ZLG.br, que não sei o que significa, mas que, num mundo de flickrs e xooms, soa perfeito. Se eu pudesse, usaria o Jack.zlg.br para um site de variedades. Atenção: há apenas 45 registros com essa terminação no Brasil.

Há grandes possibilidades de negócios para pequenos empreendedores no uso de terminações pouco exploradas, tais como adm.br (administradores), com apenas 2.275 registros, ou mus.br (músicos), com só 1.151 registros.

Outra curiosa conclusão vem da comparação entre os registros novos e os cancelados. Mensalmente, "nascem" aproximadamente 84 mil registros ou sites, enquanto "morrem" cerca de 47 mil no mesmo período.

Ou seja, a cada 30 dias, 47 mil projetos ou ideias de sites (ou apenas registros por cautela e/ou expectativa de venda futura) são abandonados, e seus registros, extintos.

Curioso mundo este onde esperanças de ontem rapidamente se transformam em registros abandonados, como crianças no limbo, perdidas para sempre. Crianças que, nesse caso, não comeram nem luz nem bits.

Descansem em paz.

Os Novos Polos Dinâmicos

Se você observar com atenção o que vem acontecendo no planeta com relação às novidades tecnológicas e os movimentos mais recentes desse mercado, verá que os últimos anos foram caracterizados por uma surpreendente mudança de tendência, que afeta a todos, especialmente aos empreendedores.

Em meados da última década do século 20, a dinâmica desse mercado sofreu uma alteração histórica: as inovações saltaram dos hardwares para os softwares. Ou, se você quiser uma definição mais clara, das máquinas para os sites.

Para uma espécie de pano de fundo, foram a IBM, a HP, a Digital e tantas outras empresas de produção de bens físicos e, num jorrar contínuo, foram saindo do forno a Amazon, o e-Bay, o Yahoo!, a Wikipédia, o Google, o YouTube e, finalmente, em 2004, o Facebook, e, em 2006, o Twitter. E de lá para cá, ou seja, nos últimos cinco anos, qual o site inovador, criador de novas tendências que foi acrescentado a essa lista? Os sites de ofertas e compras coletivas, que são de 2008, não são uma inovação — são um formato diferente de comércio eletrônico.

O que estamos vendo nos últimos anos é uma revisão dessa tendência, com os sites voltando a dar passagem, como polo dinâmico do mercado, aos novos meios físicos de comunicação.

Refiro-me em especial aos tablets e aos smartphones, que em breve deixarão os formatos físicos anteriores de conexão limitados a determinadas aplicações. Numa virada súbita, não é mais a Microsoft a empresa líder do mercado, mas sim a Apple. Nos jornais e revistas, a maioria das matérias e do tom de admiração reverencial se deslocam. Bill Gates passa a ser um coadjuvante da ribalta, enquanto Steve Jobs preocupa o mundo com sua saúde e as retiradas súbitas de cena. As vendas de smartphones e tablets surpreendem a cada dia, quebrando recordes e superando todas as expectativas.

Para os empreendedores, isso significa que o momento não é mais apenas de pensar em como utilizar um site de maneira adequada para seus negócios, mas sim como fazer a transição de seus sites e aplicativos para as novas tecnologias. Sua empresa já tem uma presença especial no IPad e similares? Que aplicações do seu mundo digital já rodam adequadamente nos smartphones?

Para os empreendedores individuais e pequenas empresas, essa nova tendência pode ser fonte de grande crescimento e consolidação. Para os tecnólogos e formatadores de linguagens digitais, enormes possibilidades de trabalho e inovação.

Por aqui andamos às voltas com o crescimento explosivo dos sites de compras coletivas, os CCs. Já são mais de 1.000 no mercado e possivelmente, em breve, serão 2 mil ou 3 mil. São CCs de todo tipo, para crianças, para mulheres, para minorias e para comunidades localizadas.

Tenho aqui para mim que essa explosão, no Brasil, acompanha, no mundo digital, a explosão de consumo das classes C e D, que com entusiasmo vão formando novos universos em nosso megauniverso empresarial, além do caráter indiscutivelmente novidadeiro do consumidor brasileiro. Ao fundo, como incentivador paralelo desse formato de negócios, as redes sociais.

> Não se deve apenas pensar em como utilizar um site de maneira adequada, mas sim como fazer a transição de seus sites e aplicativos para as novas tecnologias.

Em breve, como em todos os surtos anteriores, haverá uma saturação do mercado e uma consolidação dessa atividade. Hoje, com os tais 1.000 sites mercadejando pechinchas, apenas seis deles já concentram mais de 80% das atividades do setor.

Que tal você, que está pensando em abrir mais um CC, alterar um pouco seu rumo, ajustando-se às tendências aqui descritas e voltando a atenção para a ocupação desses nichos de mercado criados com os novos hip-techs, que certamente serão mais promissores e duradouros?

Como Perder Dois Bilhões de Dólares

Pelo correio, recebo a seguinte carta, escrita com letra cursiva, caneta-tinteiro e papel de arroz:

Palo Alto, 24 de maio de 2012.

Caro Jack:

Desculpe encher o teu saco neste belo maio brasileiro que, dizem meus amigos cineastas, tem uma luminosidade e um clima quase perfeitos para a vida. Mas é que ando meio perturbado com o maio que a vida me reservou. Tudo ia muito bem, e a cada mês o meu sitezinho crescia muito acima do que eu poderia imaginar quando esquentava os bancos de Harvard com minha inquietude e obsessão.

Tenho saudades de minha infância e dos comentários que os amigos faziam sobre meus pais, uma mistura estranha raramente encontrada: uma psicanalista e um dentista. Sentia até mesmo um certo bullying quando diziam que ambos mexiam com a mesma coisa: cabeças.

Uma arrancava fobias e neuroses, e outro escalavrava canais e raízes. Sonhava que ambos podiam ganhar mais se trabalhassem na mesma sala, com os mesmos pacientes sentados numa mesma cadeira de dentista/divã, um mexendo do nariz para baixo, outro mexendo do nariz para cima. Foco e missão em dose dupla.

Adeus, Facebook. Bom Dia, Futuro

Em Dobbs Ferry, condado onde morei na adolescência, cursei a Ardsley High School, onde tinha grande interesse em arte e cultura clássica. Aprendi e hoje leio e escrevo francês, latim, grego antigo e hebraico. Menino acabrunhado, gostava mesmo de recitar versos da *Ilíada*, às vezes em grego. Sempre achei curioso pensarem que eu sou uma espécie de idiota sortudo, que do nada, da ignorância, saquei um bilhete premiado.

Como você sabe, no dia 19 fui ao mercado, e, para surpresa minha, maio me traiu. O banco que liderava a minha oferta de ações, nas minhas costas, dizia que a empresa é meio mambembe e que não valia afinal tanto assim. Lutei muito, e os amigos foram generosos. David Menlow, por exemplo, do site IPO Financial, dizia que esperava uma *huge pop* e que, em poucos dias, cada ação valeria, no mínimo, US$ 45.

> Os possíveis questionamentos de um jovem empreendedor à frente de uma rede social que acabou de lançar ações na Bolsa.

No dia seguinte, Priscilla, a rainha do deserto de Gobi, vinda diretamente da China milenar, pôs um anel em meu dedo e meu nome aposto ao dela. *Pari passu* (ao mesmo tempo, em latim), comecei a aprender mandarim. Os maldosos dizem que não é um casamento, trata-se de uma aliança de casas reais, com o objetivo de abrir as portas da Esfinge Chinesa para meu sitezinho, que por lá não prospera. Calúnia e inveja.

Pois bem: logo em seguida, em apenas dois dias, perdi DOIS BILHÕES DE DÓLARES!!! Como alguém perde 2 bilhões de dólares em dois dias, não conheço caso igual, e soube que, no Brasil, os comentários sobre as virtudes e belezas de Priscilla não são dos melhores. Alguns chegam a dizer que perdi duplamente e que as ações, que ontem bateram os US$ 31, vão continuar caindo. Alguns chegam a dizer que vão parar em US$ 25!!!

Peço ao amigo ajuda imediata: o que fazer? Desfazer o IPO, devolver Priscilla e nosso cachorro húngaro para Pequim, apelar para o Eike Batista, que perde ganhando (ou ganha perdendo), fazer um curso no SEBRAE ou implorar ao ínclito ministro Mantega que obrigue os brasileiros a consumir compulsoriamente as ações do meu sitezinho?

Sempre foi assim, maio me desnorteia, me enlouquece, me tira do prumo. Por favor, responda logo, meu perfil anda meio arranhado. Priscilla, em recente entrevista, citou Confúcio, que reproduzo aqui:

"Ensina-me, e eu vou esquecer.
Mostre-me, e eu irei lembrar.
Envolva-me, e eu vou entender."

Abraços, seu
Mark Elliot Zuckerberg.

Batalhas em Curso: Ao Vencedor, as Batatas

Neste exato momento, enquanto você procura uma forma de criar, consolidar ou expandir seu empreendimento, algumas batalhas em curso, para as quais nem eu nem você fomos formalmente convidados a participar, podem estar moldando o futuro de seu trabalho, de sua cidade, de seu país e do formato de sua vida. Se você é dos que acreditam que vence sem olhar para o lado, sem sequer tomar conhecimento dos movimentos do mundo à sua volta, do tipo "o que sei me basta", saiba que a ilusão do "iletrado bem-sucedido" é uma falácia que infelizmente ainda sobrevive.

Compreender e entender vem sempre junto com empreender.

Batalha 1 — Android x iOS

Acirra-se cada vez mais a guerra pela supremacia no mercado de aparelhos móveis. De um lado, os diversos modelos equipados com o sistema Android, do Google, e do outro, a solitária Apple. Depois de alguns anos de crescimento do Android, o iOS, em 2012, parece recuperar a liderança de mercado. No meio dessa luta, a possibilidade de uma espécie de monopólio, caso a linguagem Android (e outras menos utilizadas) seja inteiramente derrotada no mercado. Se você tem um celular ou um tablet, acompanhe de perto esses movimentos, pois eles podem, de repente, causar a obsolescência e o desuso de tecnologias que hoje podem estar na base do processo de comunicação de sua empresa. Monopólios, mesmo com o ectoplasma de Steve Jobs à frente, nunca são positivos.

Batalha 2 — Bancos Brasileiros x Política de Juros

Durante longos anos, desde a consolidação da estrutura dos bancos brasileiros, nos anos 90, os quase 300 bancos que tínhamos no Brasil viraram menos de 100, dos quais quatro deles são hoje os principais atores do mercado. Com taxas de juros em desalinho com o resto do mundo, esses bancos foram a base de uma política de crédito que nos últimos anos permitiu a ascensão social e econômica das classes C e D. Segundo os bancos, a alta taxa de juros era o escudo necessário para arriscar uma política de créditos cada vez mais ousada. Uma nova política de taxas de juros, aplicada por pressão governamental, força uma impressionante queda no valor de empréstimos. Por outro lado, bancos brasileiros anunciam redução das margens de lucro no primeiro trimestre, antes mesmo da nova política de juros. Um deles reduziu seus ganhos em 26%. É de prever que no próximo trimestre esse mesmo banco poderá ter taxas ainda maiores de queda. Pequenos rumores sobre venda de bancos começam a circular no mercado, cada dia mais fortes. Atenção, portanto, no desempenho dos bancos com que você opera, e atenção também para o aumento do nível geral de inadimplência dos consumidores. Por enquanto esses números são aceitáveis, mas olho vivo no caixa e na situação dos recebíveis.

Batalha 3 — Pré-Sal x Economia Sustentável

A observação é de uma diretora do Banco Central brasileiro num evento recente: estamos projetando para o futuro desejos esquizofrênicos com relação à economia brasileira. O que queremos para nosso futuro: uma economia baseada na exploração de resíduos fósseis que se acopla com uma civilização do automóvel ou uma economia baseada na sustentabilidade, nos limites potenciais da Terra em nos oferecer água, vida e sobrevivência? Expandir os níveis de consumo das nações mais ricas para todo o mundo significará em breve um cenário de escassez, conflitos e barbárie. Claro que não se trata de impedir o crescimento dos que agora chegam a um novo patamar; trata-se de rever o modelo das economias chamadas "civilizadas" e estabelecer padrões e limites ambientais para todos, os que lá estão e os que agora chegam. Sua vida, a vida de sua cidade, de seus filhos, depende em muito da solução adequada dessa questão. Sua empresa pode ajudar em muito nesse momento. Informe-se, crie condições de preservar o futuro, inclusive o futuro da sua empresa.

> O que você precisa saber do mercado para fazer o seu negócio prosperar.

No título deste texto, usei a expressão "ao vencedor, as batatas". Poucos entendem o sentido do dito popular; afinal, por que batatas e não moedas de ouro ou tesouros? Durante 100 anos, a nossa pobre Europa esteve mergulhada numa crise econômica e social profunda, com populações em fuga para as Américas ou dizimadas por fome e peste. Sem comida, sem agricultura de sobrevivência, o futuro parecia impossível. Pois bem, levadas das Américas pelos navegadores, as batatas, tesouro agrícola desconhecido na Europa, salvaram o continente, que recriou condições de existência e novamente se reergueu, graças a elas.

Simples assim, amigos, batatas para todos, sem vencedores ou vencidos, esta é a fórmula da sobrevivência equilibrada.

Twitter? Que Twitter?

Entre as estranhezas e bizarrices de nosso mercado on-line, destaca-se a desproporção entre a divulgação midiática de certos sites e sua efetiva e verdadeira dimensão enquanto ferramenta de uso de massa. Conversamos anteriormente sobre o Orkut, preferência nacional exclusiva dos brasileiros, enquanto nos demais países de grandes mercados tecnológicos ele não aparece nunca entre os 100 maiores sites em uso corrente.

Trilhando esse mesmo caminho, parece estar o nosso Twitter. As páginas diárias de nossos jornais citam informações vindas do Twitter com mais frequência do que as vindas de qualquer outro site, Wikileaks à parte. A sensação que temos é que o Twitter é uma espécie de companheiro de jornada do Google, do Facebook e do YouTube.

Ledo engano. O uso do Twitter no mundo está em queda. Em dezembro de 2010, ele alcançou apenas 89 milhões de visitantes únicos, menos do que os 100 milhões que já havia alcançado meses antes. Sua posição no ranking mundial por acessos vem caindo, e hoje é o 18º dessa lista, longe dos quase 600 milhões de visitantes únicos do Facebook e dos 500 milhões do YouTube.

No Brasil, é o 15º da lista, mas, na Coreia, é o 38º, na Tailândia, o 49º, e, na França, não aparece entre os 100 primeiros. Na China, seu êmulo, o Baidou.cn, tem mais de 300 milhões de usuários, ou seja, é várias vezes maior do que seu original.

Seus 5 milhões de visitantes únicos mensais o colocam bem atrás de vários portais brasileiros, especialmente os dos grandes grupos de comunicação. O curioso é que citações retiradas desses sites têm pouca ou nenhuma repercussão na mídia em geral.

Quais as razões desse fenômeno? A primeira delas é a constatação de que adoramos uma fofoca, um relato não autorizado ou uma revelação picante. A segunda é que acompanhar a vida de grandes "celebridades" é um esporte nacional. Nesse sentido, o Twitter é uma variação da *Revista do Rádio* do século 21. A terceira é o uso do Twitter como uma espécie de fonte de acusações e boatos que não teriam qualquer repercussão se divulgados de outra forma. Políticos em dificuldades, boateiros profissionais e maledicentes, em geral, têm feito do Twitter sua casa.

> O uso do microblog está em crise, o que pode apontar o início do abandono do site como ferramenta importante da internet.

Estaremos vendo o início do abandono do uso do Twitter como ferramenta importante da internet? Estará ele a caminho de ser apenas mais uma presença na rede, e não um de seus líderes? Estaremos vendo mais uma vez no Brasil uma espécie de conservadorismo internético, que nos leva a não apostar nas novidades da rede e manter velhos endereços e formatos em uso, enquanto o resto do mundo faz outras opções?

Será que a hora de reduzir a expressão humana a apenas 140 caracteres por raciocínio está se esgotando?

Deuses Agitados

Os deuses hindus andam muito agitados nestes tempos em que vivemos. Não se sabe ainda se Shiva, que representa o poder da transformação do mundo, destruindo ciclos e criando outros, ou se Vishnu, acompanhado de sua mulher, Lakshmi, deusa da prosperidade, da riqueza e da beleza, foram os autores espirituais da mais recente façanha, mas o certo é que um simples mortal, com o nome cabalista de Kapil Sibal, acaba de anunciar ao mundo a construção de um tablet que será vendido pelo preço de US$ 35, ou seja, aproximadamente 70 reais.

O objeto mágico tem telas de até nove polegadas, processamento de texto, navegação web e permite uso pleno por seus usuários.

Estamos mais uma vez, pelas mãos de Shiva, à beira de um evento que pode refazer o mundo cotidiano. Trata-se da possibilidade de termos à disposição um computador pelo preço de um celular popular. Do alto dos 270 milhões de celulares em uso no Brasil, fica fácil imaginar que em um prazo muito curto, cinco a 10 anos, ou quem sabe menos, cada brasileiro terá em mãos um computador, vendido nas lojas de varejo, com crediários em 24 vezes, ou distribuído a todos os estudantes do ensino médio do país sem custo. Distribuir 10 milhões desses tablets custará mais ou menos o valor a ser gasto nas obras de reforma ou construção de um dos grandes estádios para a Copa de 2014.

Tablets serão vendidos pelos ambulantes nas esquinas de nossas cidades e ao mesmo tempo o ciclo dos PCs e também dos laps&books estará encerrado.

Descrito dessa maneira, o futuro próximo parece fantasia, mas olhem para trás e constatem, sem qualquer dúvida, que nos últimos 10 anos foram vendidos no Brasil 70 milhões de computadores e 200 milhões de celulares.

> Um simples mortal, com o nome cabalista de Kapil Sibal, acaba de anunciar ao mundo a construção de um tablet que será vendido pelo preço de US$ 35.

Nada mais de cadernos escolares, canetas, mochilas com dezenas de livros, escoliose que grassa entre crianças e adolescentes. Uma cabeça, um voto; uma cabeça, um celular; uma cabeça, um tablet.

Quando nos debruçamos sobre as estatísticas indianas, o mundo parece de ponta-cabeça.

O povo de Vishnu tem hoje 580 milhões de celulares em uso contra 356 milhões de banheiros públicos ou privados. O número de patentes registradas anualmente na Índia é 10 vezes maior do que no Brasil.

Desafios novos são sempre vistos com ceticismo pelos mais renitentes, até o momento em que mudam de posição radicalmente e tornam-se os mais fervorosos adeptos do já nem tão novo processo, repetindo a defesa ranheta do que está indo embora.

Adeus PCs, adeus laps&books, abram alas para mais uma volta do parafuso.

P.S.: Kapil Sibal, citado anteriormente, é ministro de Estado para o Desenvolvimento de Recursos Humanos. Que tal trocarmos, num futuro próximo, o Ministério da Pesca por um Ministério de Desenvolvimento de Recursos Humanos?

Do Você Parle Deutsch?

O filósofo e ensaísta Leandro Konder recebe um e-mail de um amigo, convidando-o a fazer parte da sua linhagem de seguidores no Facebook. Incomodado com a qualidade do português utilizado na mensagem, Leandro reclama ao amigo, que rapidamente se desculpa alegando não ter mandado o tal e-mail. O texto, no entanto, foi enviado automaticamente pelo Facebook, em nome do novato na rede social, e lá estava a expressão abstrusa e mal-amada: "Acrescentar-lhe."

Essa introdução, cuja história é absolutamente verdadeira e aconteceu exatamente como descrito, serve apenas para entrarmos de viés no tema desta conversa: o mundo pós-Babel.

Não satisfeita em alterar modos de pensar, de se comunicar e de viver, a internet agora nos propõe, num futuro breve, a unificação absoluta do mundo da linguagem e da expressão humana, sem no entanto liquidar nenhum idioma, ao contrário, liquidando especialmente a dominação das línguas francas, que ao longo do tempo são as línguas mais poderosas, as eventualmente dominantes. No decorrer da história, humanos que não tiveram o domínio do grego, do latim, do francês ou do inglês eram (ou são ainda) apenas parcialmente capazes de viver com plenitude.

Com o advento de uma nova geração de tradutores automáticos, sempre mais eficientes e aperfeiçoados, e com a possibilidade de em breve termos esses softwares como parte integrante de nossos sistemas operacionais em PCs, tablets, celulares e similares, estamos chegando ao tempo em que não haverá mais no mundo nenhum monoglota, pois falaremos ou digitaremos um texto em português e do outro lado da linha estaremos sendo traduzidos automaticamente em mandarim ou farsi.

Sentadinhos em nossas cadeiras de praia, em qualquer parte de nosso farto litoral, estaremos ouvindo, vendo ou lendo mensagens, textos, vídeos, filmes originalmente postados em albanês ou sânscrito.

Um mundo de monoglotas poliglotas.

Esse é o fim da tal maldição de Babel.

Todos falando e compreendendo todas as línguas e falares deste vasto planeta.

Se você acha que já estamos vivendo em outro mundo, em que você se delicia com seus 345 seguidores, todos lusoparlantes, imagine estar em rede com centenas de milhares de seguidores coreanos, afegãos e islandeses, todos falando nossa velha língua pátria. Imagine no campo dos negócios e da integração de práticas comerciais qual será o impacto dessa boa-nova.

Certamente haverá sempre o que corrigir nas traduções on-line; não será nada fácil, por exemplo, ler Guimarães Rosa em búlgaro internético.

Não estamos, no entanto, falando de sutilezas, mas sim

> Com o advento de uma nova geração de tradutores automáticos, sempre mais eficientes e aperfeiçoados, estamos chegando ao tempo em que não haverá mais no mundo nenhum monoglota.

do final de mais uma gigantesca barreira entre os homens: falar e ser compreendido, sem restrições, em todas as latitudes.

Depois das barreiras geográficas, das barreiras de informação, vem aí a derrubada das barreiras linguísticas, meta jamais imaginada até ontem pela manhã.

A promessa é de que em mais cinco anos, cerca de 120 línguas já estarão incluídas nos autotradutores que diversas empresas apresentam ao mercado.

Após "acrescentar-lhes" este aflito texto, arauto da *poliglotomia* (palavrinha complicada que acabo de inventar), faço uma súplica aos gestores do Facebook.

Konder tem razão, tirem aquele "acrescentar-lhe" de lá, que mais não seja em homenagem aos nossos delicados e preciosos ouvidos.

Criatividade, Genialidade e Loucura

Você já ouviu falar do Instituto Karolinska? Trata-se de um dos mais importantes centros de pesquisa da Suécia, com larga credibilidade em todo o mundo.

Os suecos, com sua tradicional precisão, realizaram uma pesquisa com nada mais, nada menos do que 1,2 milhão de pessoas sobre a criatividade. Estamos falando de criatividade real, e não de uma certa mania que já absorvemos de chamar qualquer atividade "interessante" de "criativa". Outro dia vi um grupo de crianças montando vasos de bonsais, as árvores anãs japonesas, olhando um original e copiando formas e fazeres. Ao meu lado, alguém se arrepiava afirmando: "Que criatividade, que originalidade." Observar e copiar, seja o que for, passa longe do conceito de criatividade.

Não é de hoje a suposição de que a verdadeira criatividade se aproxima de um comportamento social especial, que alguns chamam de loucura.

Aristóteles dizia que "aqueles que se tornaram eminentes tiveram todos uma tendência à melancolia".

Do outro lado, perfilam os que afirmam que "para ter sucesso em qualquer profissão exigente é preciso inteligência, entusiasmo, esforço, persistência, compromisso e trabalho árduo". A frase é de Francis Galton, no livro *Gênio hereditário*, que tem mais de 150 anos.

Que tal uma síntese das duas visões, que soma suor e inspiração, baseada no livro *Origins of Genius*, de Dean Simonton? Vamos a ela:

O que vem a ser a típica criatividade? Ponto por ponto, os principais vetores:

1: Pessoas criativas são abertas a experiências variadas, exibem uma excepcional tolerância à ambiguidade, buscam a complexidade e a novidade e podem desenvolver uma atenção múltipla, muitas vezes fora de foco.

2: Exibem uma enorme gama de interesses, que vão além de sua área de atuação.

3: Têm muito mais probabilidade de serem introvertidas do que extrovertidas e parecem às vezes distantes, deslocadas ou antissociais. Também exibem uma imensa independência e autonomia, frequentemente se recusando a se submeterem às normas convencionais, às vezes exibindo uma acentuada faceta de rebeldia.

4: Amam profundamente o que fazem, demonstrando entusiasmo, energia e compromisso incomuns com seus projetos e concepções.

5: São persistentes diante de obstáculos e decepções, mas ao mesmo tempo são bastante flexíveis para alterar estratégias e táticas quando assim determina o fracasso.

6: A criatividade não está necessariamente associada ao fato de atingir altos níveis de educação formal, mas não prescinde de leitura e aprendizado. Muitas vezes esse aprendizado não se dá dentro das escolas formais, burocráticas e repetitivas. Mark Twain, famoso autor de *Tom Sawyer* e outras grandes obras, dizia: "Jamais deixei que minhas atividades escolares interferissem na minha verdadeira educação, a leitura." Se você ouviu um vento murmurar em seu ouvido... Steve Jobs... você ouviu muito bem, a ele se aplicam todos esses princípios.

O que, afinal, define os criativos: uma característica inata ou um tipo de comportamento? Ou ambos?

Pois muito bem, agora voltamos ao Karolinska, citado no início deste texto. O resultado da tal pesquisa com mais de 1 milhão de pessoas afirma taxativamente que a criatividade é uma forma de doença mental, uma espécie de transtorno de comportamento que tem, no âmbito da realidade, aspectos positivos.

Aí está, pois, o dilema, que certamente merece reflexão. Quem estará com a razão absoluta, se existisse razão absoluta: os eminentes cientistas ou os suecos? Ou os dois?

Assim, estamos diante das seguintes alternativas:
1: Criatividade é fruto de um determinado comportamento individual, que pode ser adquirido ou elaborado.
2: Criatividade é uma forma especial de loucura, ou você nasce com ela ou nada feito.
3: Criatividade é um transtorno que só se realiza positivamente com trabalho, disciplina, obsessão e flexibilidade de comportamento.

Gostaria muito de ouvir os prezados leitores sobre essa questão: resposta 1, 2 ou 3? Ou, quem sabe, "nenhuma das respostas anteriores"?

PARTE III
Empreendedores e Empresas

Construindo Marcas

Construir marcas que agreguem valor à empresa e seus produtos é um dos pilares de qualquer manual de gerência. No momento, a marca mais valiosa do mundo é a Apple, que reúne marca forte e retorno comercial. No entanto, muitas marcas bastante conhecidas e admiradas estão hoje entre as empresas em decadência e com produção em queda, sem que a marca possa alterar essa realidade. Entre as 100 marcas mais valiosas do mundo, apenas uma é brasileira, a Petrobras, em 75º lugar. Afinal, uma marca com forte reconhecimento pelo público é ou não uma necessidade?

Não posso seguir este texto sem lembrar um episódio inesquecível sobre o assunto. Em uma reunião do conselho de administração de uma grande instituição de ensino (da qual faziam parte empresários muito conhecidos), o representante de uma das maiores empresas brasileiras, cada vez mais internacional, pede a palavra e afirma num tom vigoroso:

"Para mim e para minha empresa, marca e vento são a mesma coisa. O que me interessa é o EBITDA, só o EBITDA, sempre o EBITDA."

Claro que a reunião perdeu o rumo e por pouco não tivemos de chamar tropas da

> Em empresas ou em pessoas, qual é a real importância da marca – e poderíamos viver sem elas?

ONU. Nem sob tortura confesso o nome do personagem, de altíssimo respeito e reputação no mercado.

Você já leu um livro chamado *No Logo*? Então leia. A autora trabalha a ideia de que chegamos a um ponto da história econômica em que marcas de produtos devem ser abandonadas, se não proibidas, pois elas nos amarram a decisões baseadas na massificação da publicidade, na identificação visual do produto e muitas vezes por apelos inconscientes aos instintos mais primitivos, tais como o medo, a familiaridade e até mesmo o erotismo. A autora diz ainda que o fim das marcas levaria a uma redução significativa dos preços dos produtos e a um aumento expressivo da concorrência, especialmente em produtos de consumo pessoal e alimentos.

Duas experiências são muito conhecidas: a primeira, dos remédios genéricos brasileiros, muito mais baratos que os de marca, hoje quase predominantes no mercado, sem royalties e sem logo. Outro é o cantor Prince, que mudou sem nome para esta imagem: ⚥ e continua sua carreira. Essa é uma discussão em aberto, saudável e atual, onde não há vencidos nem vencedores, da qual você deveria participar.

Outro campo em que a palavra *marca* exerce sua presença é no encaixe inevitável entre vida e pessoa. Cortar uma vida a fio é uma tarefa complicada, que usa sempre um ou outro ponto de vista. A corrida que empreendemos durante a existência consome quase tudo, até o momento em que encontramos nossos limites. O comerciante se contenta com o pequeno varejo, o político se percebe apenas municipal e o sábio se vê apenas mais um a discutir nos botequins.

É nesse ponto que ganhamos uma marca, uma forma qualquer de sermos reconhecidos por pessoas e coisas.

Mas não há momento mais delicado para o reconhecimento dessa marca humana do que o momento da morte, do fim da materialidade. As formas mais comuns de homenagear os que se vão são manifestações de saudade, ausência, carinho e testemunhos de amor familiar.

Há poucos dias perdi um amigo, George Ellis, um dos pioneiros da internet brasileira, sócio da primeira empresa de TI a abrir seu capital no Brasil. A família, em um gesto absolutamente merecido, estampou nos anúncios a seguinte frase: Um Homem Bom.

Na mosca, esse era ele, e essa é a marca que carregou durante a vida.

Mas nada se compara a um anúncio espantoso e certamente inédito que encontrei recentemente. Amigos de trabalho do falecido Geraldo A.G.G. Neves fazem publicar em *O Globo* um convite para a missa de sétimo dia com o seguinte texto:

GERALDO A.G.G. NEVES — UM DOS MAIORES EXEMPLOS
DE AMOR A UMA MARCA NO MUNDO.

Não sabemos o que acham os parentes de Geraldo, a mãe, os irmãos, os filhos, quem sabe, sobre a maior qualidade que ele expressou e exerceu em vida.

Mas sabemos que Geraldo, ao qual desejo um respeitoso descanso, eterno e em paz, termina seus dias como o único link que conheço entre as duas marcas: a marca humana e a marca de um produto.

E não um amor qualquer, mas o maior amor do mundo.

Para não haver dúvida sobre o acontecido, que sempre pode ser um "causo" inventado pelo autor, segue a cópia do anúncio:

GERALDO AUGUSTO GOMES GAYOSO NEVES

UM DOS MAIORES EXEMPLOS DE AMOR A UMA MARCA EM TODO O MUNDO.

Uma homenagem dos amigos da Coca-Cola Brasil.

A Missa de Sétimo dia será realizada hoje, dia 25/9, às 19h, na Igreja do Colégio Santo Inácio, na Rua São Clemente, 226, Botafogo.

Nesta loucura do Terceiro Milênio, quem sabe você não conhece alguém que hoje, em vida, já esteja a merecer, em seu último momento, a referência de "O maior amor do mundo pela marca Apple" ou "O maior amor do universo pela marca Google"?

Afinal, o que será mais importante para sua empresa: investir na marca, no desempenho comercial expressivo e rentável ou num relacionamento relevante e ativo com seus consumidores?

Fim de conversa, silêncio obsequioso.

Missão, Visão e Valores

É comum encontrar nas salas de recepção de grandes e médias empresas belas molduras que contêm, sempre com vários itens, "missão, visão e valores" daquela instituição.

Esse hábito, mais comum na década passada, ainda tem forte importância, especialmente entre as grandes corporações, onde não há "patrões" por perto e a lembrança do destino comum tem de estar presente em letras garrafais.

A humanidade, desde sempre, teve seus compromissos claramente afixados a cada fase de nossa existência. Os mais longevos e influentes são os Dez Mandamentos, que estão em pleno vigor há quase cinco milênios.

Pois muito bem, imagino que sua empresa deva ter — afixada na parede ou não — sua "missão, visão e valores". Mas e você, a pessoa, o humano, o empreendedor, qual a sua missão e quais os seus valores? Em que parte do seu corpo físico ou emocional estão afixadas suas escolhas?

Olhando a história, podemos encontrar diversos exemplos de dísticos, frases simples com poucas palavras, que guiaram destinos e marcaram projetos de vida.

Qual desses exemplos estará mais próximo da sua construção pessoal?

Quem sabe, ao final dessas referências, você não estará pronto para definir sua "missão, visão e valores", escolhendo entre tantos o que mais se aproxima de seu futuro imaginado?

1: Se começarmos por Roma, impossível não lembrar de Júlio César, em 47 a.C., retornando depois de uma fieira de vitórias militares: "Vim, vi e venci." Que tal o 3V? Um pouco arrogante? Ou adequado ao seu projeto de vida? Nos anos 90, a Apple, em um de seus encontros, distribuiu ao público uma camiseta com a frase latina *"veni, vidi, codi!"*, ou seja, "vim, vi e codifiquei!". Até hoje a camiseta é uma raridade disputada a tapa no e-Bay.

2: A Igreja Católica, há muito tempo, usa a expressão "fé, amor e caridade" como uma espécie de resumo de sua missão no mundo. Quantas dessas qualidades estão entre suas opções?

3: Nenhuma frase marcou tanto, de maneira tão forte, a civilização ocidental quanto a criação dos burgueses franceses ao expulsar do poder seus adversários aristocratas: "Liberdade, igualdade, fraternidade." Já imaginou uma empresa tendo esses conceitos como "missão, visão e valores"? Qual dos direitos burgueses cabe, como luvas, em suas mãos empreendedoras? Segundo os franceses, só era possível comerciar e enriquecer em um ambiente com aquelas características: *"Liberté, egalité, fraternité."*

4: Os socialistas de Lênin, em meio à revolução bolchevique, na Rússia do começo do século 20, tiveram tempo para cunhar o fortíssimo "paz, pão e terra". Pão com o sentido de sobrevivência física para todos, e terra como garantia de propriedade dos meios de produção. Paz, uma lembrança eterna. Que tal o projeto de

> Conheça e misture lemas históricos para escolher o que melhor combina com a construção da sua figura de empreendedor.

sua "bakery", ou a velha padaria da esquina, recuperar a frase, com um sentido moderno e de preservação ambiental?

5: Finalmente, se fôssemos hoje cunhar uma nova fórmula de expressar nosso mundo conturbado, eu apostaria em muitas frases. Que tal "felicidade, agilidade e longevidade"? Ou quem sabe "identidade, modernidade e fragilidade"?

Terminado esse passeio histórico, que deixou de fora outras tantas fórmulas, sugiro ao prezado leitor criar um *puzzle* com as 18 palavras e aos poucos ir montando seu projeto pessoal de "missão, visão e valores". Dezoito palavras, três a três, permitem, como afirma a velha matemática, gerar centenas de resultados diferentes.

Que tal "paz, liberdade e longevidade"? Ou quem sabe "fé, fraternidade e paz"?

Deixei para o final, por respeito e cautela, as incômodas lembranças dos velhos gregos, que lá do fundo, com seus deuses e titãs, tudo veem.

Deles é a junção de três palavras: moira = destino; húbris = arrogância e prepotência; e nêmesis = decadência como punição dos deuses, fazendo o arrogante ser devolvido à sua condição original de simplicidade, obscuridade e anonimato.

Onde estarão centenas de protagonistas de capas de revistas e de matérias de destaque que você leu nos últimos anos, que, no caminho, confundiram sucesso com soberba? Ou que sequer chegaram ao sucesso, mas apenas aos seus 15 minutos de suposta fama?

O famoso historiador inglês Arnold Toynbee chegou a cunhar a expressão "nêmesis da criatividade", que se aplicaria aos países que subitamente fracassam em sua história social e econômica após demonstrações precipitadas de soberba e arrogância. Conheço muitos empreendedores, artistas, atletas, políticos e celebridades eventuais (entre eles os famosos gregos Édipo, Prometeu e Jasão) que deveriam ter, em sua cabeceira, além de "missão, visão e valores", o melhor e mais antigo de todos os avisos: "Moira, húbris, nêmesis."

Empreender em Fogo

Recebo de um amigo americano a dica do momento: esqueça os medalhões, os consultores, as frases feitas. A hora agora é de um mocetão sorridente conhecido como Brad Feld, saído do Massachusetts Institute of Techonology (MIT) em 1987 e que há mais de 20 anos atua como investidor. Brad, que no seu Twitter nos avisa que correu a última maratona de Detroit em 4h41min39s, tem um blog que carrega a modesta alcunha de Brad Thoughts (pensamentos de Brad). Além do blog, já escreveu alguns livros. O mais recente recebeu o instigante título de *Burning Entrepreneur* (empreendedor em fogo).

Se você já é ou gostaria de ser um empreendedor em fogo, veja a seguir as 12 chamas do sucesso, nas palavras de Brad, traduzidas e adaptadas:

1. Seja o melhor — Em inglês, *be the edge*, o que significa que você tem de ser sempre o melhor, especialmente na sua empresa. Nenhum outro colaborador pode entender ou conceituar seu negócio com mais conhecimento que você. Ou você é o melhor ou em breve não será nada.

2. Seja silencioso, seja mortal — Dois recados muito diversos de vários dos manuais mais recentes sobre "ambiente empresarial". Fale pouco, mantenha reserva sobre seus planos mais ambiciosos e, quando aparecer sua chance, não vacile, seja mortal.

3. Sua empresa é sua paixão — Viva com sua empresa um caso de paixão arrebatadora; nada pode ser mais importante que seu projeto e sua oportunidade de sucesso. Viva eternamente em fogo, ardendo com suas decisões e projetos.

4. Ignore os pessimistas — Não se importe com o PIB, com a bolsa ou com a taxa de juros. Crises vão e vêm, e afetam a todos. Se afetam a todos, não são preocupações importantes. A história do mundo sempre desprezou os pessimistas, desde os mais exaltados críticos da criação da roda.

5. Não crie equipes muito cedo — Escolha um ou dois sócios e tente colocar seu projeto em pé sem grandes investimentos em pessoal. Com essa decisão, você terá um longo período de trabalho exaustivo, mas também um aprendizado completo de seu negócio. Ao começar a contratar, faça-o aos poucos, completando o seu staff lentamente.

6. Tenha obsessão pelo produto — Não acredite na ideia de que o marketing, o posicionamento ou a marca devem ser seu foco principal. Seu foco 100% principal deve ser seu produto, que deve ser permanentemente testado, repensado e inovado.

7. Aprenda a programar — No passado, saber escrever era fundamental para o sucesso de qualquer empresário. Hoje, programar é como escrever. Como você vai dirigir sua empresa sem dialogar adequadamente com o pessoal de TI? Você não precisa ser um programador tarimbado, como no passado não precisava ler Proust ou Kant, mas se você for um ignorante em TI, você não pega fogo, apenas produz fagulhas eventuais.

8. Não "ouça" problemas, "leia" problemas — Longas reuniões com exposições de problemas, especialmente com os malditos charts do Power Point, são um erro. Ouvir problemas é um método superficial de conhecimento. Você logo vai esquecer grande parte do que ouviu. Problemas devem ser enunciados por escrito, para que você possa lê-los quando quiser, uma, duas ou dez vezes, até chegar ao caminho das soluções.

9. Não seja um "velho patrão", seja um CEO 360° — Levante sua bunda da cadeira muitas vezes ao dia, quanto mais melhor. Olhe tudo, interfira em tudo, cheque os procedimentos várias vezes. E várias vezes ao dia observe seus produtos ou serviços e reflita sobre eles: ainda são os melhores? Como podem ser ainda melhores?

10. O que é queimar? — Uma empresa em chamas é aquela onde o ambiente de trabalho e a dedicação dos empreendedores ardem permanentemente. A maioria das empresas é gelada, ou, no máximo, morna.

11. Cuidado com os investidores — Aprenda a comparar sempre propostas de oferta de capital entre vários investidores, pois o momento da entrada de capitais pode ser o momento de sua derrota. Não confunda: investidores anjos não são anjos investidores.

12. Qual é seu foco principal? — Se você estiver em dúvida sobre o que priorizar, gestão, organização ou resultados, você vai mal. O foco são os resultados. Bons resultados indicam boa gestão e organização. Boa organização nem sempre se reflete em bons resultados, às vezes apenas se reflete em ótimos manuais de organização.

Aí estão as 12 chamas, prontas para seu uso. Infelizmente, ou felizmente, enquanto listava os pensamentos do Brad e organizava as palavras, minha

> Investidor americano oferece uma lista de recomendações para manter sua empresa fervilhando.

memória me traiu e comecei a cantarolar dois velhos sucessos da música brasileira, adaptados ao tema do artigo. Um deles diz assim:

"Meu coração amanheceu pegando fogo, fogo, fogo; foi uma empresa que passou perto de mim e que me deixou assim..."

E o outro, mais conhecido ainda, que, sem requerer adaptações, diz:

"Se você quer brigar, e acha que com isso estou perdendo, se enganou meu bem, pode vir quente que eu estou fervendo."

E assim, fervendo como recomenda nosso novo guru, tento manter as chamas do interesse de meus leitores acesas, sempre com o desconsolo de saber que em breve, encerrada a leitura do artigo, serão apenas brasas dormidas.

O Verdadeiro Papel e Dimensão das PMEs

Fazem parte do lugar-comum de nossa economia declarações e constatações quase unânimes sobre o papel das pequenas e médias empresas no Brasil. Em primeiro lugar, as avaliações econômicas: as PMEs são responsáveis por 60% da mão de obra empregada, por 90% das empresas existentes no país e por aproximadamente 20% do PIB. A fonte citada como origem desses dados é sempre o Instituto Brasileiro de Geografia e Estatística (IBGE).

No entanto, consultado sobre o assunto, o IBGE esclarece: as PMEs têm 60% da mão de obra empregada em alguns setores da economia, mas, em outros, essa participação não passa de 22%. Qual seria então o verdadeiro papel e dimensão das PMEs?

O estudo "Fatores de inovação para a sobrevivência das micro e pequenas empresas no Brasil", realizado por quatro professores da USP em 2009 e publicado no site da universidade e na *Revista de Administração e Inovação*, é um trabalho de excepcional qualidade e pesquisa e deveria ser mais divulgado e discutido. Recomendo a todos a leitura do trabalho. Nesse texto, verificamos que, na tabela de participação das PMEs no total das empresas

> As pequenas e médias empresas podem ter uma função social e econômica diferente daquela que pensamos.

por país, poucos atingem o volume de 90%. No México, por exemplo, apenas 37% da mão de obra empregada está nas PMEs, e na Dinamarca esse número chega a 36%.

A própria conceituação do que é uma pequena e uma média empresa deve ser revista. O SEBRAE considera aquela que tem de 100 a 500 empregados uma empresa média. Em um mundo de forte aplicação de tecnologias, é cada vez mais comum encontrar empresas com menos de 500 empregados entre as maiores do país em faturamento.

Não podemos fugir de uma discussão mais acurada e atenciosa sobre o assunto. Para colocar mais lenha nessa fogueira, um artigo recente, escrito pelo economista americano Charles Kenny e publicado na revista *Bloomberg Businessweek* em outubro de 2011, nega com muita veemência um papel central das PMEs nos Estados Unidos e no mundo. O artigo, sem qualquer sutileza e com um viés político fortíssimo, se intitula *Small Isn't Beautiful* (Pequeno não é bonito).

Vamos a um resumo do texto original, destacando os principais argumentos apresentados:

Enfrentando a possibilidade de uma dupla recessão, políticos americanos democratas e republicanos concordam pelo menos em um aspecto: pequenas empresas são onde a maioria dos novos empregos começa. Obama repete o mantra insistentemente. A maioria dos americanos provavelmente concordaria com o raciocínio. No entanto, a noção de que os pequenos negócios são a principal fonte de prosperidade de um país não é verdadeira, nem para os Estados Unidos nem para qualquer outro país.

Nos EUA, em 2007, havia 6 milhões de empresas com trabalhadores empregados. Noventa por cento dessas empresas tinham menos de 20 funcionários. Coletivamente, essas empresas eram responsáveis por apenas 20% de todos os empregos do país. Claro que as PMEs crescem, como é o caso da Apple e da HP. No entanto, 80% dessas empresas não acrescentaram, nos últimos anos, nenhum emprego novo ao mercado de trabalho.

Empresas de grande porte oferecem mais empregos, de melhor qualidade, mais benefícios sociais e aposentadorias generosas, e outras vantagens que se transformam em mais renda e melhores condições de vida para os trabalhadores. A história é a mesma no resto do mundo. Pesquisa recente da Universidade de Harvard aponta que a situação da economia de um país tem relação direta com o número de empregados em pequenas e médias empresas. Quanto mais mão de obra empregada em PMEs, menor é a capacidade econômica do país, e vice-versa. O estudo termina com a seguinte constatação: a esperança de desenvolvimento econômico repousa na criação de grandes empresas, administradas por profissionais e utilizando modernas práticas de gestão.

Nas economias em desenvolvimento, o apoio às PMEs com instrumentos como o microfinanciamento é parte de uma rede de proteção para aqueles que têm dificuldade de alcançar melhores oportunidades. Mas, nos EUA e na Europa, não é mais do que um subsídio indevido a pessoas que optaram por estilo de vida que reduz a produtividade do país e que em nada contribui para criar novos empregos num momento de grave crise econômica. Exortar pequenas empresas pode ser um bom caminho para políticos ganharem eleições. Mas, no que diz respeito a gerar empregos, tamanho ainda é documento.

Claro que é sempre muito difícil ouvir raciocínios como esse, inteiramente ao largo do senso comum, e nosso primeiro desejo é sempre refutá-lo, se possível com tanta veemência quanto o texto original.

Mas que tal ouvir e refletir antes de responder?

Que tal fazermos um esforço para realmente identificar, com base em estudos criteriosos e não tendenciosos, a verdadeira dimensão social e econômica das PMEs no Brasil? Quem sabe se elas são mais ou menos significativas do que acreditamos hoje?

Por que não convocar o IBGE, os grandes centros de pesquisa universitários e os órgãos como o SEBRAE e o Instituto de Pesquisa Econômica Aplicada (Ipea) e se debruçar sobre o assunto de forma intensiva e isenta, para gerar informação e conhecimento sobre as PMEs no Brasil, criando instrumentos permanentes de atualização desses dados, que sirvam de balizadores regulares para o setor?

Ou vamos continuar como papagaios, repetindo a mesma cantilena — que tem mais de 10 anos — sobre os 90% de PMEs entre as empresas brasileiras, os 60% de mão de obra e os 20% do PIB. O despudorado Charles Kenny provavelmente conhece muito pouco sobre a realidade das PMEs no Brasil, mas nós também conhecemos muito pouco ou quase nada, apenas repetimos frases feitas, que desconfio estarem ultrapassadas pelo tempo e pelo crescimento e sofisticação da economia brasileira nos últimos anos.

Quem se habilita a dar o primeiro passo ou, como diz um velho amigo ao terminar todos os artigos que publica: que me dizes?

Duas ou Três Coisas que Eu Sei Delas

A presença das mulheres no universo empresarial e no mundo do trabalho se amplia a cada dia e traz um inevitável material para reflexão. Tema explosivo, em incessante mutação, exige revisão constante de conceitos e permanente esforço de observar práticas, estatísticas e novas necessidades.

Coisa 1: O símbolo histórico do empreendedor carregado de audácia, determinação e com atitude é, sem dúvida, Marco Polo, o veneziano que há mais de 600 anos encasquetou a ideia de criar uma ponte de comunicação e negócios entre a Europa e a Ásia, e o fez, sem qualquer interesse em conquistas territoriais ou atitudes bélicas. A velha frase: "Vim, vi e venci" deveria ser utilizada muito mais quando falamos desse Marco do que quando nos lembramos de velhos Marcos romanos, com suas túnicas sujas de vinho e lambuzadas por Cleópatras inquietas.

Coisa 2: O termo "empreendedor" foi criado na França, muito depois da bela história do veneziano, no século 17. A palavra significava "aquele que se compromete com um trabalho ou uma atividade específica e significante". Escrever este artigo é um ato empreendedor, assim como subir a um palco ou entrar em um estádio de futebol repleto. Só mais recentemente é que a palavra ganhou um ar de "referência econômica", mas sua origem continua irretocável.

Coisa 3: Empreende-se por oportunidade, desejo ou necessidade. Essas são as três origens do fazer e nenhuma delas desmerece ou diminui a atividade.

Coisa 4: Universo frequentado quase com exclusividade pelos homens até 10 anos atrás, hoje o empreendedorismo no Brasil é uma atividade majoritariamente feminina. Um estudo internacional feito por um organismo chamado *Global Entrepeneur Monitor* (GEM) mostrou que, em 2009, no Brasil, 53% das empresas em estágio inicial ou com menos de 48 meses de vida eram de propriedade de mulheres. Aos homens restavam os outros 47%. Estima-se que, neste exato momento, mais de 60% das empresas já sejam objeto da iniciativa feminina. Marco Polo, se vivo, certamente estaria encantado com a novidade.

Coisa 5: Mas o que é uma empresa feminina ou sob a liderança de mulheres? Já existe algum diferencial claramente medido sobre esse assunto? Retirados de cena os velhos chavões sobre a sensibilidade e a intuição feminina, o que será que essas novas lideranças sociais estão criando de novo, nas relações sociais das empresas, nos comportamentos de mercado e na relação dos produtos com os consumidores? Será que alguém já tem essas respostas mapeadas?

Coisa 6: Do total de PMEs brasileiras, 52,5% são criadas por pessoas na faixa dos 18 aos 34 anos. Ou seja, utilizando a ideia do "padrão prevalente", o empreendedor brasileiro é uma mulher com idade entre 18 e 34 anos. Acertei ou você que me lê está fora do padrão?

Coisa 7: Até hoje são necessários avanços sociais legítimos no Brasil para garantir os direitos da mulher trabalhadora, como o recente projeto de lei que assegura equiparação salarial para homens e mulheres nas mesmas funções. Mas preste atenção: nos setores de ponta da sociedade (universidades, empreendedores, produção cultural e muitos outros), a presença feminina já é muito maior do que a presença do macho tradicional. Em breve (entre 10 e 15 anos), a justiça social vai inverter seu foco, para garantir a presença e a sobrevivência masculina em muitas áreas.

Coisa 8: Pedi a um amigo livreiro que consultasse em sua estante 10 revistas brasileiras de qualquer tipo e somasse o número de mulheres e homens no expediente das publicações mais importantes. Resultado: 67% de mulheres e 33% de homens.

Coisa 9 e última: O que você lê, nossa cara leitora, é escrito basicamente por mulheres. E você, nosso escasso e cada vez mais raro leitor, de cada 10 palavras que lê, apenas duas ou três são mal traçadas por seus bípedes assemelhados. O que será o amanhã ou isso já é um amanhã?

> As mulheres estão cada vez mais presentes no mundo empresarial, e isso exige a revisão de práticas e conceitos.

Bol(h)a de Cristal

Criar uma startup sempre foi, ao mesmo tempo, fácil e difícil. Fácil porque os requisitos básicos estão ao alcance de todos e difícil porque a possibilidade de sucesso está ao alcance de uns poucos. Estima-se que de cada 1.000 novas ideias que são transpostas para a prática na área de tecnologia, menos de 2% chega ao estágio de construção efetiva de uma estrutura empresarial, e apenas duas delas alcançam a maturidade.

A festa do final dos anos 90 já vai longe, mas ao mesmo tempo a depressão dos empreendedores tecnológicos do começo do século 21 também já se diluiu.

Nada será mais tão generoso quanto a fartura de capitais disponíveis e um certo amadorismo dos anos 90. O mercado está mais consolidado e as oportunidades de negócios dependem de planos de negócios consistentes e de capacidade de gestão comprovada dos empreendedores. Ao mesmo tempo, há mais possibilidades de encaminhar projetos a organismos de financiamento, na área pública ou privada, que não existiam há poucos anos.

Devem ser evitados quaisquer planos triunfalistas, nos quais os números geralmente são absolutamente encantadores no papel, mas absolutamente frustrantes no mundo real. Não há mais investidores ingênuos, sem conhecimento dos mercados, e qualquer projeto, para ter possibilidade de êxito, deve ser realista e sem qualquer arrogância exuberante. Lembro de uma reunião que tive no ano de 1998 com três jovens

> Criar uma startup sempre foi, ao mesmo tempo, fácil e difícil.

empreendedores, um deles filho de um tradicional banqueiro brasileiro, que me apresentaram um plano de negócios de criação de um Banco Virtual. O projeto baseava-se na ideia de que "os bancos tradicionais são muito pesados e tão cedo não serão capazes de utilizar a internet", e que "em menos de cinco anos o projeto seria responsável pela criação do Maior Banco Brasileiro".

Não foi fácil desiludir pai e filho, que saíram inconformados dessa conversa. Dois anos depois, todos os tradicionais bancos brasileiros já estavam na internet, dando aulas de eficiência e velocidade, e até hoje são exemplos para o mercado financeiro em todo o mundo.

Aposto em duas tendências nos próximos anos que me parecem abrir caminho para muitos novos negócios:

1ª: Substituição de tecnologias de suporte de informação (papel, imagens e outros) por processos digitais. Dois exemplos na ordem do dia são visíveis realidades: a adoção do DDA (pagamentos digitais: fim de notas fiscais e boletos de cobrança) e a instrução do STF (de 11/9/2009) que comunica a todos os tribunais brasileiros que a partir de 2009 só receberá processos em formato digital. A soma dessas duas medidas implicará a maior operação de substituição do suporte papel jamais vista no Brasil. Ao mesmo tempo, abrem enormes possibilidades de trabalho para empresas de tecnologia junto aos escritórios de advocacia, junto às empresas comerciais e ao mercado econômico como um todo. Nenhum outro processo de substituição do papel — nem o Kindle, nem os seus concorrentes — irá abrir tantas possibilidades. A primeira dica, portanto, é: pesquise e avalie o que vai ficar obsoleto nos próximos anos, esse é o seu nicho de mercado.

2ª: O Brasil de 2020 não terá mais nenhum sinal de identidade com o Brasil dos anos 60/70 no que diz respeito ao mais importante formador de uma identidade nacional: os contornos e a qualidade da pirâmide populacional e seus impactos sociais. Estamos vivendo uma revolução silenciosa diante de nossos olhos e ainda com pouco destaque entre formadores de opinião e investidores.

O País do Futuro, marca que nos acompanhou durante muito tempo, não existe mais. O país com mais de 75% da sua população abaixo dos 40 anos é uma imagem do passado. Envelhecemos aceleradamente e a perspectiva de estabilidade da população, antes prevista para 2050, depois para 2040, possivelmente virá entre 2025 e 2030.

A partir de agora somos um país com população adulta, para não usar o termo idoso, que a esta altura me parece galhofa, e, portanto, a ideia de que produtos para jovens devem ser o foco do mercado se torna cada vez mais ultrapassada.

Num país adulto/idoso, com índices europeus de natalidade e reprodução, o mercado se desloca para usuários com idade acima de 45 anos, e com forte contingente (22% da população, em 2020) acima dos 60.

Possibilidades de negócios são infinitas com essa mudança geo-humana do país:

1. Games para adultos, um novo e gigantesco mercado que se avizinha. Quem sabe campeonatos digitais de vôlei, futebol, basquete, esportes olímpicos, em escala planetária?

2. Sites e serviços para uma geração já criada com a tecnologia digital, mas que chegam à idade adulta. (Os rapazes do *case* acima terão mais de 50 anos, e quem sabe poderão ter uma nova oportunidade: criar um Banco da Terceira Idade, totalmente digital, ideia que não acho má.

3. Empresas de treinamento, entregas personalizadas, assistência pessoal e sites de relacionamento para pessoas acima dos 45 anos.

O maior desafio que qualquer empreendedor enfrenta é encontrar o ponto de temperança entre a inovação, a lucidez e a visão de futuro. Inovações nem sempre são o futuro, mas inovações com visão de futuro e temperadas com a dura consciência de que crises e dificuldades são parte do mundo real são o sal da terra. Obsolescência de ideias que há muito pouco tempo eram consideradas "geniais" são um fenômeno constante. Estão aí o Geocities e o Second Life que não me deixam mentir.

Esta é, portanto, a última sugestão: inovar sempre, e não apenas uma vez, porque as inovações também estão se derretendo com inusitada rapidez neste nosso aflitivo e estimulante mundo da mudança.

O velho Heráclito, um grego já completamente morto há mais de 20 séculos, dizia com um misto de sabedoria e ironia: a estabilidade se baseia na mudança. Bingo!!!

Aumentando a Produtividade em 500%

Este é um texto diferente, em que o autor dialoga e se manifesta sobre outro artigo, já escrito e divulgado na rede. Meu parceiro neste texto é James Altucher, investidor, programador, empreendedor e autor de seis livros. O texto original foi publicado no site TechCrunch.com e, como é praxe na rede, lá ficou por algumas horas e foi-se, no caminho inevitável dos textos perdidos.

O título da matéria de Altucher era exatamente o título acima, e seu objetivo era listar o que ele chama de "pensamentos inúteis", que devem ser sempre evitados por quem quer dedicar a vida ao sucesso. Aí vão, portanto, comentados e ampliados, Dez Caminhos (ou Não Caminhos) para o Sucesso. Altucher começa falando de sua vida:

Quando me divorciei, em novembro de 2008, minha vida foi ao chão. Eram os tempos da crise financeira (como se os de hoje não fossem!), eu estava sozinho e passava as noites em hotéis baratos enquanto o mundo desmoronava à minha volta. Fechei uma startup que acabara de começar. Por quê? Não sei, a ideia daquele site ainda é uma boa ideia, mas eu estava focado apenas na minha negatividade.

Nos anos anteriores, havia perdido a chance de investir no Google e no Foursquare. Eu perdi, eu me equivoquei, eu sofri, eu chorei. Todos nós temos sempre muito a lamentar. Que desperdício! Sei que é muito difícil passar a maior parte de um dia sem irritação, medo ou ansiedade, principalmente quando você começa um novo negócio. Eu quero ser sempre produtivo, saudável e feliz, mas reconheço que muitas vezes 80% dos meus pensamentos são negativos, inúteis. Resolvi então listar nove (na versão deste colunista, mais um foi acrescentado) filtros que podemos usar para evitar pensamentos negativos. Aí vão eles:

1. Pensamentos pessimistas: julgar-se de maneira implacável é um deles, ou assumir que não somos bons em alguma coisa que nem tentamos. Julgar os outros de maneira implacável também é um equívoco e, na maioria das vezes, esse é um julgamento não baseado na realidade, mas sim no desejo de ser o melhor. É sem dúvida um pensamento inútil.

2. Vícios: eles começam quando eu acordo, bem cedo. Quem me irritou tanto ontem? Será que estou bem quando me olho no espelho? Quando olho a foto de Larry Page numa revista, me sinto ridículo. Nenhum desses pensamentos me coloca mais próximo da felicidade ou do sucesso. Comer um waffle no almoço ou fazer mais sexo, quem sabe, pode ser melhor.

3. Perfeccionismo e vergonha: eu quero fazer mais dinheiro, eu quero que meus filhos me amem, eu quero uma mansão, eu quero ser famoso. Eu quero, eu quero, eu quero. Passamos a vida pensando em objetivos. E, se não os alcançamos, o que somos? O perfeccionismo é uma muleta, útil para explicar o fracasso, ou é isso ou nada. Se não alcançamos o destino imaginado, a vergonha passa a fazer parte da vida.

Porque, quando eu tinha 10 milhões de dólares, eu queria 100. E com os 100, ainda me achava imperfeito, desamado, bom, mas não o suficiente, e, claro, continuava a ter ao meu lado, ou dentro de mim, vergonha e sensação de inutilidade em tudo que fazia. Pensamentos perfeccionistas não são apenas inúteis, são destrutivos.

4. Ciúmes: são destrutivos e inúteis. Por que Fulano vendeu sua empresa por 80 milhões e eu ainda trabalho como escravo para um escroque idiota e já estou chegando aos 30 anos? Esse é um pensamento que o puxa para baixo, fazendo com que viva menos do que pode. Quando você achar que só tem aspectos positivos e puros, pare e pense: e se não for assim, quem exatamente é você no fundo de sua alma e de seus desejos? E se você não for exatamente quem pensa que é, quando tem o outro como referência? O ciúme, em geral, lhe rouba criatividade, sinceridade, inovação e invenção.

5. Dores: qualquer lembrança histórica pode ser histérica. Dores que fazem parte do passado devem ficar por lá. Evite pensamentos dolorosos. Não somos santos e não viveremos nunca em dores e santidade.

6. Medo: tudo muda, logo, logo eu cometerei uma falha ou, quem sabe, agora mesmo, vou falhar em algo que estou fazendo. Quem sabe um dia minha esposa venha a me odiar (espero que não). É possível até que meus filhos me odeiem. Já vi isso acontecer em inúmeras famílias, de muitos modos, e o trabalho e o dinheiro quase sempre estão envolvidos nesses sentimentos. O medo do futuro é tão doloroso quanto as dores do passado. Cada um deles deve ser deixado em seus respectivos spam boxes mentais. Algumas pessoas vivem a vida como se hoje fosse o último dia. Faça ao contrário, viva cada dia como se fosse o primeiro. Sempre um novo começo, tempo para o novo e para renovação da confiança.

7. Obsessão: possivelmente o maior destruidor de vidas e tempo. Obsessão por pessoas, temas e adversários. Quando alguém está aborrecido comigo, simplesmente não aceito essa ideia. Tenho de provar que estou certo, que o outro, esse sim, está, como sempre, errado. Não posso imaginar como e por que mereço esse tratamento humilhante. Eu estou certo! Não há dúvida!!!

8. Tristeza: não quero dizer que tristeza é um sentimento "ruim". Há muitos motivos na vida para vivermos e vivenciarmos tristezas. Mas certas pessoas se utilizam da tristeza para viver, até que isso se transforma num vício, numa desculpa para serem pessimistas profissionais. A felicidade é um caminho muito amplo e às vezes nos amedronta. A tristeza nos mantém dentro de nossas fronteiras, e essas fronteiras se transformam nas muralhas onde vive e prospera o pessimismo.

O pessimismo é uma maneira de dizer a você mesmo: arrisque pouco, pense pouco, viva (com) pouco.

Quer atingir o sucesso? Saiba quais são os pensamentos inúteis e como se livrar deles.

---

9. Viver uma vida útil: se você puser em prática o uso destes nove filtros, usará seu cérebro e seus instintos de maneira a aprimorar os seguintes aspectos:

A. Nossa mente mais rapidamente se acostumará a perceber quando tem pensamentos inúteis.
B. Sua negatividade é uma rocha que às vezes se erode facilmente, às vezes não.
C. Quando temos mais tempo para pensamentos positivos, aumentamos a produtividade, a simplicidade, a felicidade e a liberdade.
D. Nem todos os pensamentos inúteis são realmente inúteis. Não faça disso um credo ou uma certeza, apenas considere essa hipótese.

10. Finalmente o décimo mandamento, que vem ao mundo pelas mãos de Altucher e do cronista que vos fala: nunca acredite plena e ordenadamente em qualquer ideia, nem mesmo nesta que acaba de lhe custar 10 minutos de sua vida. Repense o que dissemos, reelabore e reflita sempre. Se você passar o restante de sua vida pensando apenas em espantar pensamentos inúteis, isso será também um pensamento inútil e poderá se transformar num pânico obsessivo. Viva e deixe viver, e os 500% de produtividade em breve estarão no seu colo, de uma forma ou de outra.

Como Medir e Exercer a Tal da Criatividade

Quando você acorda de manhã, entre o café e o último retoque no cabelo, que pensamento lhe vem à cabeça primeiro? Compromissos, rotinas, desejos não realizados ou simples e prosaicas tarefas do dia a dia? Se levarmos em conta a palavra mais utilizada nas mídias em todo o mundo, não há dúvida de que você acorda, olha sua carantonha matinal refletida num espelho baço e injusto e diz: hoje preciso ser criativo, minha vida depende da minha criatividade.

Quantas vezes você já leu essa palavra em capas de revistas, sites, redes sociais e jornais diários? O mantra básico da vida moderna é uma espécie de obsessão permanente de negação da realidade, do que há, do que é, do que somos.

Até recentemente, revistas e mídias especializadas editavam a cada ano listas de empresas e pessoas que se destacavam pela geração de riqueza ou poder. As 100 maiores empresas e as 100 maiores fortunas pessoais faziam parte de nosso cotidiano como indicadores de tendências e comportamentos.

Chegou a hora das listas dos 100 mais criativos, cuja medição se faz por critérios nem sempre claros e reconhecíveis. A revista americana *Fast Company*, um dos ícones mais conhecidos do mundo da tecnologia, não escapa da tendência e dispara sua lista dos criativos no mundo dos negócios em 2011. Uma visão norte-americana do mundo dos negócios, é claro, que lista entre os 100 escolhidos nada menos do que 68 norte-americanos. Com uma pachorra que nada justifica, analiso um a um os nomes e vejo que no PIB da criatividade mundial não estamos mal. Há ali 11 europeus (nenhum país com mais de três), seis chineses, cinco brasileiros, quatro indianos e três japoneses. Outros países se incluem na lista com apenas um ou dois representantes. Ou seja, na contagem do PIB mundial da criatividade, fora a acachapante superioridade dos Estados Unidos, estamos em segundo lugar na lista, entre a China e a Índia.

Todos homens. Segundo a *Fast Company*, nenhuma mulher brasileira se credencia para essa lista, que no seu todo tem mais de 30 mulheres. Muito estranho.

Quem são os cinco brasileiros dessa lista e com que realce ou destaque eles são apresentados? Anote aí: o quinto brasileiro mais criativo (nos critérios da publicação) chama-se Nizan Guanaes, empatado com o quarto colocado, Eike Batista. Ambos dispensam apresentações. Cada um recebeu um comentário de um parágrafo. O terceiro chama-se Oskar Metsavaht (dono da Osklen), empatado com o segundo, Alex Kipman, o brasileiro que é estrela ascendente da Microsoft e criador do Kinect. Ambos receberam o vasto espaço de uma página de resenha. Curiosamente, Oskar já vendeu o controle de sua empresa, e Eike Batista e suas empresas "X" passam por um inferno astral.

E aí chegamos ao primeiro brasileiro da lista.

Com quatro páginas de farto material está o brasileiro mais criativo do mundo.

> Uma publicação americana elegeu as 100 pessoas mais criativas do mundo; entre elas há cinco brasileiros.

Neste exato momento, se estivéssemos em um meio digital interativo, interromperíamos a narrativa e colocaríamos no ar uma pesquisa, uma enquete, para que todos pudessem escolher seu candidato a brasileiro mais criativo do ano. Faça isso mentalmente, vote silenciosamente enquanto retiro o véu do segredo. Se acertou o nome (sem ler a revista, claro), você mesmo merecia o prêmio.

Falo de um brasileiro de 42 anos chamado chefe Almir Suruí. Almir, cacique da tribo dos suruís, na visão etnocêntrica dos julgadores da revista, merece esse destaque porque, numa tribo isolada da Amazônia, põe em prática uma bela experiência tecnológica, unindo os povos da floresta aos povos do Vale do Silício. Almir recebe mais espaço editorial e fotográfico do que Nizan, Eike, Metsavaht e Kipman juntos.

Almir e seus liderados criaram uma palavra para identificar o Google, que em sua língua nativa corresponde a "mensageiro": Ragogmakan.

Amanhã, quando você acordar de novo, enquanto escova seus dentes cada dia mais brancos, consolide uma certeza: "Quero ser o chefe Almir Suruí. Essa é minha meta, meu foco, meu sonho renovado de criatividade. E repita como um mantra: ragogmakan, ragogmakan..."

Como Empreender com Baixo Risco num Momento Delicado da Economia

O sonho de todo colunista é escrever sempre matérias positivas, que permitam aos leitores fazer suas opções com segurança e confiança. Mas a responsabilidade de todo colunista é maior do que seus sonhos e, por essa razão, alertar o leitor ao mesmo tempo que sugere novos caminhos é um eterno desafio.

Vivemos um momento difícil da economia mundial. O Brasil tem tido até agora um desempenho muito melhor do que grande parte das economias que eram consideradas prósperas e seguras. Mas estamos num momento de indefinição, em que posso escolher muitos indicadores positivos na economia, mas posso também escolher diversos indicadores negativos e preocupantes. As taxas de desemprego continuam baixas e em queda, mas o varejo ampliado e a indústria apontam para baixo.

O impulso de empreender é uma das explicações para as baixas taxas de desemprego. Quanto mais brasileiros tentam abrir suas próprias empresas, menos cidadãos procuram empregos, diminuindo a pressão sobre a taxa.

Muitos leitores me escrevem, a cada artigo, com comentários e perguntas. Praticamente todas as perguntas podem ser resumidas numa só, a do leitor Marcello, que se comunica em uma frase apenas: "Estou começando no mercado de empreendedorismo, preciso de instruções claras e detalhadas."

Aí é que mora o perigo, caro Marcello. Como garantir, num momento de instabilidade, que as informações, não importa quais forem, sejam claras e detalhadas?

O que podemos fazer, com mais segurança, é indicar os setores da economia que estão apontando para o futuro, com oportunidades que podem ser maiores não apenas hoje, mas nos próximos anos.

Que tal começar por alguns setores da economia considerados vitais para o futuro, especialmente no Brasil? Vamos à lista:

1: Educação — Não haverá futuro econômico sustentável no Brasil com a manutenção das atuais taxas de ignorância e analfabetismo funcional. Investir em educação é hoje aposta segura para pequenos e grandes negócios. Aprender permanentemente é uma necessidade cada vez maior, e as fontes de aprendizado se multiplicarão, não ficando mais restritas aos colégios e universidades.

2: Transportes alternativos — Dados do IBGE, recentemente divulgados, mostram que há dois produtos no Brasil cujo crescimento de vendas se aproxima ao dos computadores: bicicletas e motocicletas. A venda de motos vem crescendo a uma taxa de 40% nos últimos anos. Serviços de apoio, manutenção e sofisticação de motos e bikes elétricas são um mercado fortemente favorecido por esse movimento e acessível a pequenos empresários.

3: Energia — A necessidade de encontrar novas formas de energia, baratas e limpas, é um desafio permanente. Pequenas comunidades já podem se reunir e construir sistemas próprios de geração de energia, e os serviços de manutenção e ampliação desses serviços podem ser mantidos por pequenas empresas locais.

4: Novas aplicações para antigos materiais — Utilizar materiais já existentes no mercado, mas com uma ótica de economia sustentável, gera novos produtos, mais adequados ao meio ambiente e aos centros urbanos. Cada novo produto nessa área encontra mercado rapidamente.

5: O mercado dos "envelhecentes" — Não gosto da definição "terceira idade" nem da palavra idoso, que na sua gênese tem o termo "ido", como se rotulasse pessoas que "já foram". O termo "envelhecente" dá melhor conta do assunto. Em certo momento da vida adolescemos, no outro adultecemos e finalmente envelhecemos.

O Brasil caminha rapidamente para ser um país de envelhecentes, e todo um novo mercado de trabalho se abre com essa realidade:

> Seis setores aquecidos e promissores para quem quer empreender.

empresas de cuidadores, de alimentos apropriados, de materiais especiais para segurança pessoal dentro de casa, sistemas de educação programados e pensados para essa fase da vida, softwares, sites, games e aplicativos específicos. Em breve, escolas de ensino médio estarão sendo fechadas por falta de alunos e se transformarão em centros de convivência, e todos eles precisarão de serviços e habilidades que ainda não temos, tais como métodos de saúde prolongada, meditação, reinserção social e tantos outros.

6: A indústria cultural e criativa — No começo do século 20, o maior violinista de todos os tempos, o italiano Paganini, escreveu um texto em que pedia a proibição das recém-criadas fábricas de discos, que, segundo ele, deixariam na miséria todos os artistas, que viviam de apresentações ao vivo. Cem anos depois, a história dá uma volta completa e os artistas voltam a ter o contato direto com o público como forma essencial de remuneração. Foram-se os LPs, os CDs e criam-se oportunidades de trabalho e renda para milhares de empreendedores nas pequenas cidades brasileiras, com a criação de espaços culturais que passam a receber artistas de grande expressão. Em paralelo, a necessidade que essas cidades terão de serviços de som, vídeo, iluminação e tantos outros. Que tal pensar num pequeno estúdio de som ou de produção cultural mais amplo na sua comunidade ou em seu município? Palavras como sampleadores, mixagem e masterização passam a fazer parte da vida de milhares de pessoas. A indústria criativa se multiplica e se diversifica, chegando, como as motos e as bikes, ao interior das cidades e do país como um todo. Que tal pensar numa Unidade Móvel de Som e Imagem, com transmissão via CAT5 ou fibra óptica, áudio de dois canais via pen drive e operação intuitiva com tela VGA? Ou outras e outras necessidades locais que podem ser identificadas com mais precisão?

Vocês devem ter reparado que não citei nenhuma oportunidade exclusivamente "digital", e isso tem a ver, penso eu, com a necessidade de darmos um ponto final na ideia de que "empreender" é criar "um produto digital", um site ou um aplicativo.

Temos muito a fazer para criar uma economia estável e em crescimento acelerado no Brasil, e as oportunidades de negócios que você vai encontrar no mercado não são apenas os produtos digitais. Um mundo criativo, de alta tecnologia embarcada, espera por você, com produtos físicos, serviços e atendimento de necessidades.

Pense digital, mas não pense apenas digital.

PARTE IV

O Brasil, Você e a Internet

Me Serve, Vadia

A expressão do folhetim televisivo de grande sucesso invadiu a rede e se tornou o meme da hora. Situação curiosa essa em que o meme não sai da rede, mas sim de outro veículo de comunicação. Um pouco de esforço de reflexão sobre os caminhos e a situação da internet hoje apontam para — será? — um esgotamento do endeusamento e da banalização do uso da rede. Vamos aos fatos:

1. O espancamento público do Facebook continua. A receita do site cresceu apenas 32% nos últimos três meses, contra 53% no mesmo período do ano passado, e o número de novos usuários cresceu reles 4%. As ações continuam em queda livre.

2. A Amazon, maior empresa de comércio eletrônico do mundo — atenção, meninos: o faturamento da Amazon é 10, eu disse DEZ vezes maior do que o do Facebook —, não apresenta bons resultados. Analistas temem que a crise global afete o desempenho da varejista em todo o mundo.

3. O valor de mercado da Zynga (que tem no FarmVille seu mais famoso produto) despencou 37% em apenas um dia de negociações em Nova York. Ao lançar suas ações no mercado, a empresa valia US$ 9 bilhões. Hoje, vale US$ 1,5 bilhão.

4. O Google, de todas as gigantes a mais bem-posicionada no momento, lança um serviço de banda larga de 1Gbps, 100 vezes superior ao atualmente oferecido no mercado. Os pacotes incluirão TV por assinatura e telefonia. Ou seja, é fora da rede que o Google enxerga parte importante de seu futuro. Não custa sonhar com o dia em que o serviço estará disponível por aqui.

5. A Netflix tem queda de mais de 90% em seu resultado nos Estados Unidos.

6. Aqui no Brasil, o Peixe Urbano demite 150 funcionários, e o mercado de sites de compras coletivas aponta significativa retração.

A sensação é de que o tempo em que a internet, uma espécie de vadia que a todos servia, como uma escrava em servidão absoluta, está se esgotando.

Internet é um sistema de comunicação planetário, o mais abrangente e popular já construído pelo homem, e vai continuar a crescer superando restrições, censuras e resistências de toda ordem. Mas ela não foi criada para gerar valor como mágica, como se qualquer empreendimento que use a palavra "digital" fosse mágico. Não, meus amigos, a hora não é de euforia. É de cautela e passos medidos, numa conjuntura social que afeta a todos, digitais ou não. Como será que os 50% de jovens espanhóis desempregados estão usando a rede?

A resposta é óbvia: a internet não é mais escrava do sucesso nem vadia servil.

Ao mesmo tempo, ela continua provocando estragos nas almas mais aflitas.

Afinal, para que serve mesmo a internet?

É cada vez mais comum encontrar psiquiatras "apavorados" chamando celulares de "rebimbocas" e afirmando que a doença da conectividade é uma praga social. Alguns garantem que "esta geração está perdendo o equilíbrio" e que esses "pequenos viciados em tecnologia" são como "dependentes químicos".

Outros chegam a responsabilizar a pobre coitada pelo "vazio da alma moderna".

Qual das "rebimbocas" tem contribuído mais para a perda do equilíbrio? Aliás, qual "equilíbrio"?

Quem sabe é a literatura? O bestseller internacional de 2012/13 é um livro escrito por uma mulher que ressalta as delícias do sadismo "light" e o uso sofisticado da violência nas relações sexuais. Qual a distância desse sucesso impresso no velho papel e a ideia de "descontrole"? Traduzido em bom português, é uma espécie de me serve, vadio.

No cinema, na velha telona que resiste aos tempos — tropegamente, é verdade —, Batman e o Coringa *vivo* dão as cartas: na mistura do imaginário com o impensável, vários corpos amontoados. Traduzindo em bom português, é como se um cavaleiro/coringa em carne e osso dissesse: te mato, vadio.

Na televisão, aberta, popular, com audiências recordes — para a atualidade — de adultos e crianças, a heroína, depois de sair de sua cova, num ridículo pastiche de Kill Bill (lembram?), domina com uma chantagem explícita sua inimiga espumante e ordena, em bom e corrente português: me serve, vadia. Onde está o centro vivo do "vazio da alma moderna"?

Na internet ou nos livros, nos filmes, na TV ou nos jornais, em que os noticiários diários não conseguem fugir — pois não há fuga — das palavras crise, depressão, corrupção, violência?

Quem sabe a internet, esse sonoro nome que resume o uso intensivo da comunicação entre humanos de qualquer idade, a qualquer hora e circunstância, não signifique hoje o espaço do alegórico, do mundo possível, do compartilhamento do real, dos fatos cotidianos com sua banalidade, normalidade e tempos fugazes.

A comunicação interpessoal é hoje a base do conhecimento, da velocidade das crises sociais, dos comportamentos em cadeia e planetários, da decadência dos sistemas de representação social e de seus controles, cada vez mais frouxos e inúteis. É também, e cada vez mais, a base dos empreendimentos e da geração de valor econômico, social e cultural. Mas não é mágica ou caminho fácil para o sucesso. O visível "vazio da alma humana" não está sendo gerado na internet, mas num conjunto de circunstâncias de que todos participam, cada um a seu modo, cada um a seu tempo.

Atenção, caçadores de tendências: as palavras-chave são "vazio", "alma" e "vadia".

Brasil, País do Passado

O Brasil é hoje um país a caminho da idade adulta, e dentro de 20 anos será um país de adultos rumo à maturidade.

A ideia de que somos jovens e de que nosso destino como povo ainda está muito à frente de nossa época se cristaliza na publicidade, na moda e na transmissão de costumes e culturas. Hoje é mais fácil uma mulher de 50 anos buscar sua inspiração de vida e hábitos em sua filha de 25 do que esta procurar exemplos em sua mãe.

Na internet, as novidades estimuladas pela mídia são ainda dedicadas a jovens, ou melhor, a adolescentes e crianças.

Será que mais uma vez não estamos percebendo a passagem do tempo e deixando de compreender — ou se recusando a compreender — que não somos mais um país de jovens?

Em 1980, o Brasil tinha aproximadamente 3.500 mil crianças na faixa de 0 a 4 anos. Essa era a faixa populacional mais densa do país. Hoje, temos 3.600 mil pessoas na faixa dos 26 anos, ou seja, o número de crianças é muito menor e menos importante do que os adultos nessa faixa. Em 2040, ou seja, daqui a 30 anos, teremos cerca de 3.900 mil pessoas na faixa dos 39 anos (faixa populacional mais densa) e seremos um país de adultos já envelhecendo.

O que isso significa?

Menos escolas, menos alunos, menos adolescentes, outros hábitos sociais, outras cidades. Que percentual do investimento público deve ser dirigido a partir de agora a cada camada populacional? Não seria hora de rever prioridades e planejar um futuro muito próximo? E no uso de tecnologias, quem será o usuário majoritário desses instrumentos?

Que tal começar a falar de tecnologias inclusivas não mais apenas como política de trazer novos brasileiros para a rede, mas para falar de tecnologias que levem em consideração olhos cansados, menor percepção de tempos e movimentos e, finalmente, cidadania plena para os novos *gerontos*?

Para os empreendedores, o alerta é geral: atenção para a mudança de guarda geracional, que implica "envelhecer" o público-alvo de nossas empresas, com novos produtos, novos mercados, novo design, novo marketing, novas estratégias de vendas. Saem de cena o jovem com o copo de cerveja na mão e a mocinha esguia e flanante e entram em cena brasileiros de 30 a 50 anos.

Se escolhermos uma *persona* para nos representar hoje, o Brasil é uma mulher (maioria cada vez mais significativa da população) de 30/34 anos, urbana e trabalhadora. No passado, ficaram o menino sorridente e o jovem irrequieto.

Os anos 60 deram destaque à consolidação do termo adolescente, tradução da palavra americana *teenager*. Caminhamos agora para ser um país de *tyagers* ou, se quiserem, envelhecentes.

Estamos vivendo uma redução acelerada das taxas de natalidade, com consequente redução do número de crianças e adolescentes. Os impactos na economia, na estrutura social, na mobilidade urbana e no mercado de trabalho são imediatos.

Instado por um renitente repórter a dar conselhos aos jovens, Nelson Rodrigues, depois de se recusar várias vezes a responder, veio de lá com sua fúria e voz rouquenha:

"O único conselho que posso dar aos jovens é: envelheçam, meninos, envelheçam, o mais rápido que puderem."

> O Brasil é hoje um país a caminho da idade adulta, um país rumo à maturidade e ao envelhecimento.

Crescimento Sustentável e Ignorância: o Analfabetismo Funcional e Digital

O Instituto Paulo Montenegro, instituição ligada ao Ibope, publicou recentemente pesquisa sobre um tema que é tratado como tabu e com muito constrangimento por certas áreas da comunicação: o número de brasileiros que, apesar de constarem nas estatísticas nacionais como alfabetizados, são na verdade analfabetos funcionais, ou seja, não são capazes de realizar, em sua plenitude, qualquer função ligada à leitura ou à escrita, à exceção da assinatura do nome e da identificação, muito mais como glifos do que como caracteres combinados, de direcionamentos de trens e ônibus e placas de acesso a locais públicos.

Oficialmente, temos ainda 9% de analfabetos, o que em si já é um péssimo resultado, um dos piores da América Latina, onde vários países já erradicaram essa carência.

No entanto, espanta a quantidade de brasileiros incluídos na categoria de analfabetos funcionais: 34% do total de nossa população. Significa dizer que um em cada três brasileiros não lê e não escreve, não porque não quer, por uma opção por outros afazeres, ou porque não pode, pelo custo da compra de livros ou revistas, mas simplesmente porque não consegue, pois lhe faltam os instrumentos básicos para essas duas práticas.

Ler e escrever são práticas como andar, caminhar; a ausência do hábito ou costume atrofia os membros e imobiliza o caminhante.

Com relação ao analfabetismo, há programas regulares de aprendizado instituídos por governos, ongs e empresas, mas não consigo me lembrar de nenhum programa dedicado a essa parcela da população, que representa um problema muito mais grave, pela dimensão de sua presença.

Quando se tenta formatar programas de crescimento do hábito de leitura, sempre levamos em consideração o limite dos analfabetos, o que é um erro, pois, para efeitos práticos de cidadania, pouquíssima diferença há entre os dois grupos mencionados.

Recentemente o BNDES divulgou estudo sobre os níveis de leitura. O resultado é uma vergonha para todos os brasileiros e talvez seja hoje a grande miséria do país. Em 2010, cada brasileiro lia 2,7 livros por ano (o que já é um absurdo), mas esse nível caiu em 2012 para dois livros por ano. Dezenas de países com economias menos desenvolvidas do que o Brasil têm números muito superiores. Sem aumento dos níveis de escolaridade e leitura não haverá crescimento sustentável, e todo o avanço da economia se diluirá em breve. A questão é tão grave que deveria ter, de parte dos formuladores de políticas públicas e do empresariado, uma atenção igual a que tem a questão da fome e da pobreza. Programas como o Fome Zero da Leitura ou o Bolsa Família da Educação deveriam estar sendo implantados já. Mas o que você pode fazer, qual a sua parte? Criar na sua empresa, de qualquer formato ou dimensão, Programas de Educação e Leitura, de maneira a criar um estímulo permanente ao processo de conhecimento. Saber mais significa viver melhor, aumentar a autoestima e consumir produtos de maior valor agregado. Seremos para

> Qual será a parcela da população que mal sabe ligar o computador e só usa o celular para fazer e receber ligações? Esse perfil, que não domina as novas tecnologias, certamente compõe um novo tipo de analfabeto.

sempre um país orgulhoso de sua ignorância, da sua incapacidade de compreender e interpretar as leituras do mundo?

O conceito de analfabetismo funcional é uma categoria claramente formulada, e seus contornos podem ser encontrados na Wikipédia ou em qualquer outro instrumento de consulta.

Levanto aqui uma nova preocupação: com os mais de 80 milhões de brasileiros que já acessam hoje a internet de maneira regular ou ocasional, será que já não temos uma nova categoria, a dos analfabetos digitais funcionais? Dos 280 milhões de celulares existentes no Brasil, quantos são usados apenas para receber ligações, ou para somente realizar ligações, sem que o usuário utilize dezenas de outros inputs (linguagens) existentes em cada aparelho?

Que nome se dá a um usuário da internet que realiza apenas e simplesmente operações repetitivas e muitas vezes monossilábicas nos mesmos espaços da rede, sejam eles sites, blogs, microblogs ou ainda apenas sites de vídeos ou *peer to peer*?

Já sabemos quantos brasileiros estão ainda fora do mundo digital: cerca de 50% dos maiores de 14 anos.

Qual será o número de analfabetos digitais funcionais? Será que essa deficiência se repete no mundo virtual com a mesma intensidade do mundo físico?

Quem se habilita, desde já, a formular com rigor sociológico esse novo conceito, e quem se habilita a mensurar esse novo universo, certamente já existente.

O que podemos garantir é que não há sustentabilidade com ignorância.

Levanto a bola e deixo-a no ar, para que sociólogos, jornalistas, editorialistas e institutos de pesquisas aprofundem o tema.

Plenitude é sempre uma quimera, na maioria das vezes inalcançável, mas não custava nada um esforço para não deixarmos a história se repetir tristemente, mais uma vez, mais outra vez.

Um velho ditado brasileiro define de maneira muito adequada certas relações de trabalho, quase sempre desleais, de parte a parte, entre empregados e empregadores: eu finjo que trabalho e ele finge que me paga.

Será que chegou a hora do "eu finjo que sou digital e eles me deixam em paz"?

Ocupar a Internet Brasil

Cresce a cada dia o movimento de insatisfação que ocupa ruas em todo o mundo. Em cada país, as mobilizações têm nomes diferentes, mas começamos a ver como registro de referência o movimento nova-iorquino conhecido como Ocupar Wall Street. Os comportamentos pessoais, o ativismo e as manifestações levam a imprensa a estabelecer paralelos com os movimentos de rua dos anos 60 e 70. Deles emergiu uma gigantesca mudança de comportamentos que tem como herança diversas conquistas sociais, de gênero, de atitude e de direitos de terceira onda. Respeito a direitos de minorias, revisão do papel social de mulheres e crianças, alteração do tecido social no que ele tem de mais profundo. Obama é fruto daquelas ruas. A internet, também, e talvez esse seja o mais interessante resultado prático operacional que aquela geração legou ao mundo. Sim, amigo, a internet é filha direta da contestação, e não do conformismo, da mediocridade e da mesmice. O Vale do Silício não nasceu no Meio-Oeste americano, mas sim na ensolarada e libertária Califórnia.

Está na hora de Ocupar a Internet Brasil.

Vivemos um momento muito delicado da nossa história, em que comportamentos sociais degenerados passam a ser referência e inspiração para muitos. Infelizmente, a internet, que não é um gueto ou uma ilha, vem se perfilando com essa tendência. Em função do meu trabalho, analiso regularmente muitos sites, novos ou já com uma certa história, e infelizmente encontro, com frequência cada vez maior, erros graves e equívocos éticos e empresariais. Vamos a alguns deles:

1. Releases para a imprensa informando sobre o faturamento passado e futuro da empresa. A maioria é fantasia ou má-fé, e depois de publicados viram *teaser* publicitário do site, que não cita a si mesmo como fonte, mas ao veículo, que apressadamente reproduz informações não checadas. Um mercado de faz de conta forma-se a cada mês, sendo substituído logo em seguida por outro. Há casos conhecidos de empresas que informam o valor vendido num mês quando sua geração de caixa é apenas a comissão sobre essas vendas. A aparência de sucesso é apenas uma pequena malandragem para encobrir operações deficitárias ou mesmo insolventes.

> Que tal iniciar um movimento para exigir mais criatividade e ousadia, e menos banalidade na web?

2. Agregar a currículos, levianamente, visitas a empresas ou participação em workshops como parte de sua formação profissional. São comuns currículos com graduação numa faculdade brasileira e, logo em seguida, genericamente, o nome de uma universidade ou empresa americana (MIT, Wharton ou Apple), como se essa visita ou workshop fosse um degrau a mais de formação.

3. Lista de prêmios em sites, como se fossem um diferencial da empresa. Não conheço nenhum site de sucesso (em termos de acessos ou faturamento) que tenha lista de prêmios em suas páginas. Prêmios são importantes, são reconhecimentos

da imprensa ou de associações, mas não agregam ao site nem vendas nem acessos. Sem falar nos prêmios de entidades e periódicos de origem duvidosa. Recentemente, uma entidade bem conhecida concedeu ao editor de um jornal do Pará o prêmio Inovação Tecnológica pela edição digital do jornal. Por isonomia, centenas e centenas de periódicos no Brasil afora deveriam também ostentar o mesmo prêmio. Em tempo: o jovem e premiado editor do jornal leva o nome de seu pai, conhecido político do estado.

4. Acessos contabilizados a sites são outra forma de manipular a boa-fé dos leitores ligeiros: números sem qualquer referência são sacados como se fossem pistolas de festim, ou seja, sem qualquer risco de avaliação ou checagem. O mercado brasileiro de internet é muito concentrado, e um pequeno número de empresas é responsável por 90% das vendas de produtos e de acessos. Há vários instrumentos para checar esses dados, em diversos sites de consulta. Não engula qualquer coisa como se tudo, por estar na internet, fosse verdade.

5. O fraco desempenho criativo do mercado brasileiro de sites e aplicativos. Os grandes sites brasileiros de conteúdo são os dos tradicionais veículos de comunicação e dos grandes portais de provimento de acesso. Onde estão o nosso Facebook, o nosso Huffington Post, o nosso Twitter? Na China, na Índia e na Rússia, nossos parceiros na já conhecida sigla BRIC, sites locais fazem mais sucesso do que os mencionados anteriormente. Experimente Baidu.com e reflita sobre o seguinte: que tal variar um pouco e imitar sites russos, chineses e indianos em vez de copiar sempre (ou pior, utilizar sempre) sites norte-americanos?

Que tal então iniciar o movimento Ocupar a Internet Brasil, acampando nas ruas da web e exigindo mais criatividade, mais ousadia, menos egotrips, menos banalidade e sites *by the book*?

Comece procurando sites inusitados e criativos e espalhando viralmente pela rede seus encontros com o inesperado, e teremos grandes chances de pular o muro da mesmice. Ao sugerir a atitude, começo a lista de sugestões: perca parte de sua vida clicando revistabula.com.

Todos às ruas, sempre vale a pena.

Comunicação Tecnológica no Brasil: Internet, Celulares, Tablets

De tanto serem repetidas, as lendas urbanas sobre pequenas iniciativas que viraram gigantes do espaço digital já são motivo de chacota: garagens são indispensáveis, acid rock na vitrola (ops... no Ipod) e três amigos universitários, de preferência geeks com um estilo largadão e que no futuro serão inimigos mortais e só se reencontrarão nas barras dos tribunais. No perfil dos três, uma certa frustração pelo desempenho social nas escolas, seja pela timidez, pelo perfil fora do padrão e até mesmo uma ponta de *bullying sensation*: serei mais rico, arrogante e famoso do que qualquer desses mauricinhos e patricinhas que me humilham cotidianamente. No Brasil, essas histórias servem apenas como surrados clichês midiáticos.

Nos primórdios da internet brasileira, pioneiros como o ZAZ, UOL, Cadê e Zap nasceram pelas mãos de profissionais com bagagem já adquirida em suas carreiras. Hoje a história se repete e os sites mais reconhecidos criados nos últimos cinco anos têm à sua frente empreendedores com uma certa quilometragem rodada, com tentativas, erros e acertos.

Estamos, no entanto, atravessando um período único de nossa história econômica, no qual oportunidades e riscos estão de mãos dadas. Não me refiro aos recentes fenômenos da economia brasileira — estabilidade da moeda e expansão de consumo de novos atores sociais —, mas sim ao que os demógrafos chamam de "janela de oportunidades".

O Brasil passa hoje pelo melhor momento de sua estrutura demográfica, com a maior massa (jamais vista) de pessoas entre os 25 e os 50 anos, ou seja, na fase mais produtiva da vida, trabalhando e consumindo. Até 1980 éramos um país com forte contingente de crianças e adolescentes e dentro de 30 anos seremos um país predominantemente de adultos, idosos e aposentados. A janela é portanto aqui e agora, e, se você acha que tem as qualidades necessárias, prepare seu voo, pois a rede de proteção nunca foi tão firme e segura.

Ao mesmo tempo, olhar para trás, num curtíssimo espaço de 10 anos, chega a provocar, nos mais sensíveis, enjoos e tonturas. Nos últimos 10 anos foram vendidos no Brasil, aproximadamente, 80 milhões de computadores e 200 milhões de celulares. Milhares de empreendedores se instalaram no país nesse período, a partir de uma ideia e de uma visão de oportunidades.

Muito em breve, como já falei em outro texto, teremos à disposição tablets produzidos e/ou montados no Brasil pelo preço de um celular. Do alto dos nossos 250 milhões de celulares em uso, fica fácil imaginar que num prazo muito curto, cinco a 10 anos, ou quem sabe menos, teremos na mão de cada brasileiro um computador, vendido nas lojas de varejo, com crediários em 24 vezes, ou distribuído, sem custo, a todos os estudantes do ensino médio do país. Distribuir 10 milhões desses tablets custará mais ou menos o valor a ser gasto nas obras de reforma ou construção de um dos grandes estádios para a Copa de 2014. Você verá a Copa de 2014 no seu tablet, onde estiver, e quando quiser, ou em casa, quando puder, em uma TV 3D.

Tablets serão vendidos pelos ambulantes nas esquinas de nossas cidades, e empresas geradoras de aplicativos e novos games terão um crescimento exponencial. Milhares de sites — veículos de comunicação, turismo, educação, entretenimento, lazer, serviços em geral, e-commerce — nos próximos dois anos estarão migrando para essa nova mídia.

Existe algo absolutamente essencial que nos é ensinado pelos estudiosos do comportamento: o cérebro, os hormônios e as emoções são, em todas as culturas, os determinantes dos atos do cotidiano. Encontre algum processo intuitivo que ainda não foi tocado pelas redes e técnicas digitais e dê seu tiro, use sua bala de prata.

Não siga a manada, pois no tropel de volta ao curral você tem uma grande chance de ser pisoteado. Dos 1.200 sites de compras coletivas abertos no Brasil desde 2010, mais de 900 já fecharam as portas, e dentro de pouco tempo não mais do que cinco serão lembrados e utilizados. Tente sempre um novo caminho, que pode até ser uma melhoria de algo que já existe, mas será ao fim e ao cabo algo novo.

Num antigo filme norte-americano, um grande investidor recebe, de um taxista, dicas de empresas para investir. Ao sair do táxi, telefona para o seu corretor e ordena a venda de todas as suas ações daquelas empresas. Quando todos apontam numa mesma direção, essa é sempre, e lamentavelmente, uma projeção do passado.

Uma startup pode atravessar diversas fases de vida. Esteja preparado para enfrentar o desespero dos primeiros dias, a incerteza da adequação do projeto, o desafio do gosto dos consumidores, a voracidade dos investidores e sobretudo as suas

> O Brasil passa pelo melhor momento de sua estrutura demográfica.

fraquezas: o medo de perder, o medo de se perder, o pesadelo do fracasso e, finalmente, o maior de todos os desafios: acertar.

Sem base técnica, formação profissional adequada e sem as qualidades de um verdadeiro empreendedor, nem tente. Nem todos são formados para desafiar o futuro, muitos, a maioria, realizam suas vidas e aspirações exercendo funções em estruturas públicas ou privadas, e nelas perseguem seus sonhos e encontram, com frequência, realização profissional e pessoal.

Se você, no entanto, tem a marca do desejo e o instinto de desafiar o futuro, a hora é esta.

A startup não é sua empresa, é você!

A Copa de 2014: Oportunidades e Alertas

A cabo de completar um périplo de 40 mil quilômetros visitando as 12 cidades que hospedarão os jogos da Copa de 2014, como palestrante e consultor do projeto Copa 2014, organizado e conduzido pelo CNDL, Conselho Nacional de Diretores Lojistas, e com o apoio de um conjunto muito expressivo de empresas de tecnologia. Nesses encontros, ouvimos autoridades locais, entidades de fomento e representantes da sociedade civil de cada uma das cidades, e cerca de 10 mil pessoas participaram das reuniões públicas, ouvindo relatos de extrema importância para a melhor compreensão das oportunidades e dos riscos de um evento dessa magnitude.

Um relatório final, com todas as observações e conclusões recolhidas, está sendo elaborado e será entregue em breve a todos os organismos envolvidos com a questão. De minhas observações pessoais, destaco um decálogo de sensações e sugestões:

1: Um evento desse porte excita visões delirantes ao mesmo tempo que abre, de fato, enormes possibilidades de negócios e trabalho. De modo geral, a cidade escolhida tem condições de se preparar em tempo para a Copa. Possivelmente algumas ficarão pelo caminho e, das 12, talvez apenas 10 hospedem os jogos. Muito cuidado com os vendedores de dificuldades, sempre a empurrar para baixo nossa autoestima e ao mesmo tempo sempre prontos a vender soluções mágicas e "consultorias" milionárias.

2: Na Copa de 1950, que hospedamos em seis cidades, a maioria dos jogos teve público inferior a 50% da capacidade dos estádios. Em Belo Horizonte, um dos jogos foi assistido por 3.500 pessoas, num estádio de 35 mil lugares. Em Porto Alegre e em Recife, essas estatísticas se repetiram. Precisamos de estádios belos, confortáveis e tecnologicamente modernos, mas a ideia de que eles serão elefantes brancos após a Copa é uma ideia generosa: eles já são elefantes brancos durante a Copa, como em 1950 e recentemente na África do Sul. Quanto menos dinheiro público nos estádios, melhor.

3: A Copa do Mundo é um evento comercial, realizado por uma empresa privada, a FIFA, e seu objetivo é apresentar um belo espetáculo, mas, sobretudo, apresentar belíssimos resultados financeiros para seus acionistas, o que é perfeitamente legítimo, e não podemos entrar nesse jogo com a sofreguidão dos inocentes ou com a volúpia dos mal-intencionados. A ideia de que uma cidade será totalmente diferente depois de uma Copa não corresponde ao que acaba de acontecer na África do Sul e na maioria dos países que já hospedaram Copas. A ordem direta de nossa preocupação, que também é a ordem da FIFA, deve ser: um olho no cofre e outro na bola, nesta ordem, e sempre nesta ordem.

4: Uma grande ilusão que frequenta o imaginário de políticos e gestores públicos é a ideia de que fazer um evento dessa magnitude é um passaporte para o sucesso. Infelizmente nada corrobora essa ficção: 30 dias depois do fim da Copa na África do Sul, o presidente Jacob Zuma já enfrentava uma

> **Ainda há grandes oportunidades para a criação de negócios para a Copa de 2014.**

onda de greves e contestações internas e tinha seu futuro político ameaçado. O desemprego lá continua em torno de 40% e as condições sociais, intocáveis. No Rio, a realização dos Jogos Pan-americanos não levou o então prefeito a qualquer resultado eleitoral positivo, e seu candidato na eleição seguinte foi derrotado de forma acachapante.

5: A questão dos estádios tem um significado simbólico que atrai a atenção principal da mídia e do público em geral. No entanto, os estádios são personagens secundários no rol das providências e necessidades para que uma cidade e um país realizem uma Copa de qualidade. Os principais desafios a serem vencidos nos próximos anos são os de dotar as 12 cidades de A) uma infraestrutura tecnológica que permita a realização de um evento desse porte sem sobressaltos, e que permaneça como legado físico para a cidade. Falo de infraestrutura de comunicações e de geração de energia, condições indispensáveis para a realização de uma Copa na era digital; B) sistemas de transporte com fluidez e alternativas capazes de receber milhares de pessoas por poucos dias e com aglomerações concentradas em poucas horas; C) modernização da indústria hoteleira, com criação de milhares de novas habitações, treinamento adequado de pessoal e incorporação de tecnologias de comunicação wireless em todos eles; e, finalmente, D) a montagem de um ambiente de turismo, comércio e entretenimento que possa suprir as expectativas dos milhões de turistas esperados no país, no inverno brasileiro, época de baixa temporada no turismo interno.

6: Quem vai a uma Copa do Mundo fica em média 15 dias no país-sede. Nesse período, assiste a três ou quatro jogos, portanto usa os estádios durante 360 minutos, enquanto passa o restante de suas 360 horas passeando, comendo, dormindo, flanando, comprando, curtindo a cultura e o lazer, e quase sempre não apenas na cidade onde se realiza a Copa, mas nas vizinhanças e arredores. Uma Copa do Mundo não tem apenas 12 cidades-sede, tem um número incontável de cidades, centenas delas, que irão se beneficiar da realização do evento. Isso significa dizer que não só as cidades-sede devem ser preparadas para a Copa, mas centenas de outras, que ainda não acordaram para essa possibilidade.

7: Numa era tecnológica, os estádios são cada vez menores e o número de pessoas que assistem aos jogos nos estádios, meramente simbólico. Menos de 2% da população das cidades-sede terão a oportunidade de ver os jogos, enquanto quase 99,5% da população brasileira verá a Copa da mesma forma que vê todas elas: através dos meios de comunicação. Com as modernas tecnologias, é possível vislumbrar um novo patamar de participação popular na Copa de 2014. Refiro-me à possibilidade de instalação de telões com transmissão em 3D (ou 4D, quem sabe?) em estádios, praças públicas, grandes pontos de concentração de cidades por todo o país. A Copa não terá mais apenas uma cidade-sede por estado, mas sim dezenas de estádios onde os jogos serão vistos com uma qualidade de imagem e com todas as possibilidades comerciais e de lazer possíveis. Em São Paulo, poderemos ter a Copa em Santos,

Campinas e Ribeirão Preto; na Bahia, em Ilhéus, Itabuna e Vitória da Conquista. Outros tempos, outras tecnologias, outra Copa do Mundo.

8: Levando em conta as possibilidades de multitransmissão dos jogos da Copa aqui descritos, imaginem as possibilidades do comércio, dos serviços e demais atividades econômicas em centenas de cidades brasileiras. Os CDLs, a Fecomércio, o SEBRAE, as entidades do comércio e da indústria, bem como empresários locais em cada cidade têm uma oportunidade de ouro de preparar essa estrutura de maneira adequada, confiável e competente. Milhares de novos empregos, não criados em nenhuma outra Copa até hoje. Possibilidades de transferência de tecnologias de maneira permanente para todas essas cidades, tecnologias essas que poderão ser usadas no futuro para atividades esportivas, culturais e de lazer. O Rock in Rio, que será realizado durante o ano da Copa, poderá ser assistido por multidões em centenas de cidades, assim como outros grandes eventos culturais.

9: Em cada área de desafio, enormes possibilidades para pequenas empresas realizarem novos negócios. Casas adaptadas como locais de hospedagem, locação por hora de automóveis e bicicletas (atividade em enorme expansão em alguns países), serviços de tecnologia agregada, como centros de acesso à internet e facilidades de impressão e envio rápido de dados, programas turísticos adaptados aos horários e interesses dos turistas, serviços agregados de baixo valor, tais como lavanderias, reparos e serviços pessoais, artesanato local e roupas típicas ou ligadas à Copa. Na África do Sul, o espírito irreverente do seu povo criou uma camiseta com a inscrição "Fick

Fufa", que vendeu quase tanto quanto as "oficiais", com o rosto de Mandela. Imaginação e criatividade não conhecem limites.

10: Você conhece muito melhor a sua cidade e seu entorno do que este já cambaleante autor. Verifique já, agora, o que falta em matéria de comércio e serviços, procure conhecer as estatísticas e expectativas sobre o acesso de turistas à sua região e mãos à obra já, agora, ontem. Mas, sobretudo, nada de vuvuzelas, pelo amor ao futebol e ao ritual do jogo. Pense em outros objetos de uso pessoal, que não atrapalhem o ato efusivo de torcer e gritar a cada gol perdido ou jogada bem trabalhada, e que possam colorir e alegrar essa festa sempre de final inesperado e emocionante.

Os Grandes Eventos de Massa

Com a vida em forte evolução, mudam os formatos das famílias, das casas, dos arranjos humanos. Tecnologias de individuação como o celular, genomas, fármacos e a miniaturização de tecnologias nos tornam cada vez mais unidades autônomas de funcionamento social. Somos capazes de produzir sozinhos, bens e serviços até pouco disponíveis em empresas, em processos produtivos coletivos. Produzimos impressos, informação, reprodução de sons e imagens, livros, cervejas, pães, canais de comunicação, filmes etc.

Com a proximidade da Copa do Mundo de Futebol de 2014, é hora de refletir sobre a nova realidade dos eventos de massa.

Observe como, nos últimos 60 anos, mudaram também as Copas do Mundo em termos de comunicação e consumo de informação:

1950 — A Copa do Rádio: foi pelo rádio que choramos o vice-campeonato. A imaginação sobre o ocorrido era farta, baseada sempre em narrações esbravejantes.

1970 — A primeira Copa da televisão em cores. Até aí assistíamos a transmissões

> Grandes eventos mudam suas características com as mudanças tecnológicas.

nem sempre ao vivo, num preto e branco quase cinza, e com uma chuva de interferências na imagem e no som.

1994 — Última Copa sem a internet: pela derradeira vez você acompanhou uma Copa do Mundo sem ouvir falar na internet.

2002 — A Copa do Google e da Wikipédia. Em um passe de mágica, o volume de informação dos canais de TV se avoluma, sem que o mistério fosse revelado.

2010 — A Copa da internet e da informação instantânea: Surge uma nova profissão, a dos sábios comentaristas, capazes de saber a data do nascimento e o nome da mulher e filhos de cada jogador em segundos. O milagre já tem nome: internet e redes sociais.

2014 — A Copa dos tablets e da TV 3D: no Brasil, país-sede, menos de 0,5% da população irá aos estádios. E 99,5% dos brasileiros verão os jogos da Copa em tablets, TVs de alta definição e em 3D e smartphones, ao mesmo tempo que as velhas TVs de tubo ainda estarão funcionando.

No tempo em que os diversos tipos de aparelhos geradores e receptores de informação variam, temos apenas uma certeza: os tempos de consolidação de um determinado hardware são cada vez menores.

O número de televisores no Brasil em 1960 era de 200 mil. Em 1970, com o advento da cor, eram 4 milhões. Em 1980, eram 14 milhões. Hoje, são 58 milhões, presentes em 95% das habitações.

Em 1998, tínhamos cerca de 500 mil celulares em operação no Brasil, e hoje, 2013, estamos chegando perto dos 300 milhões, ou seja, quase dois aparelhos para cada brasileiro acima de 10 anos.

Entre as duas datas, apenas 15 anos.

Com os computadores de mesa (desktops) e com os tablets e smartphones, o tempo de universalidade será ainda menor.

De que forma você vai ver a Copa de 2014? E a de 2018?

Quem sabe num telecosmo, aparelho hoje em estudos, que põe perto de você imagens holográficas em 4D com movimento e som originais, mas fora de qualquer caixa ou caixinha, no ar, em tamanho, cores e texturas originais?

PARTE V

A Crise da Tecnologia: Fim de uma Era

Acabou-se o que Era Doce

As notícias sobre o destino das empresas de tecnologia, eletrônica e eletroeletrônica são cada vez piores. Terá chegado ao fim o empuxo econômico de três décadas baseado nessas empresas? Terá chegado a hora de novos atores entrarem em cena, carregando as bandeiras da inovação e mudança? Terá chegado a hora das empresas de biotecnologia, tecnologia genômica e avançadas formas de comunicação baseadas em nanotecnologia? Até quando acompanharemos com interesse o lançamento do IPhone 15 ou de mais um tablet? Quando as notícias mais importantes sobre a mais importante empresa de tecnologia do mundo vem do departamento jurídico, e não dos laboratórios, alguma coisa não vai bem. Maçãs apodrecem ou não?

A HP anuncia o corte de 29 mil funcionários em dois anos. A Sharp, ao completar seus 100 anos de história, enfrenta a pior crise jamais vivida e há dúvidas sobre seu futuro. Desde 1999, seu valor de mercado encolheu 92% e o passivo é de US$ 26 bilhões, quatro vezes o valor de suas vendas trimestrais. A Kodak, depois do pedido de recuperação judicial (concordata), continua demitindo e extinguindo linhas de produtos. Sanyo, Philco, Nokia e tantas outras seguem o mesmo caminho. O Facebook, em comunicado oficial, afirma que o número de acessos de uma empresa na rede não é importante, importante é a venda de produtos no mundo real. Como?

Será que ouvi bem? Releio o texto e lá está: apenas 0,5% dos cliques na rede se transformam em vendas, portanto gostaríamos de dizer que cliques efetivos não são uma medida importante, importante é o trabalho de divulgação que eles produzem junto aos consumidores no mundo real!!!

O fim do crescimento acelerado do comércio eletrônico no Brasil e no mundo

Ao contrário do que imaginávamos no começo do século 21, o e-commerce no Brasil não tem respondido bem aos investimentos nele realizados. Veja a seguir, com dados fornecidos pela e-bit, empresa especializada nessas estatísticas, o crescimento do setor:

Em 2002, o e-com cresceu 55%; em 2004, 48%; em 2006, 76% (maior crescimento). A partir daí observa-se uma curva descendente, com 43% em 2007, 40% em 2010 e apenas 21% no primeiro semestre de 2012.

Não é difícil encontrar oportunistas e malandros de ocasião a realizar "eventos" sobre o tema, sem jamais ter vendido nem mesmo uma minhoca pela internet. Não perca tempo ouvindo bobagens requentadas e ultrapassadas. A hora é de discutir seriamente como retomar o empuxo e criar novos inventivos para superar as barreiras que o e-com enfrenta hoje. Por que a indústria de shopping centers cresce acentuadamente, invadindo o interior brasileiro, enquanto fortes nomes do e-com passam por grandes dificuldades?

Nos EUA e na Europa, o quadro é o mesmo, a internet é cada vez mais: buscas + redes sociais + entretenimento (já incluídos sites de sexo/pornografia e de encontros) + games

+ informação. Esses cinco setores são responsáveis por mais de 90% do movimento financeiro e do número de acessos no mundo.

Depois de quase uma década de sucesso baseada no número de acessos, sempre crescentes, agora somos avisados de que cliques e acessos não são nada, são irrelevantes (assim como, por consequência, o e-commerce) e que o melhor benefício das redes sociais é melhorar seu desempenho no mundo real, para além de bits e bites. Meus sais, urgente!!!

Certamente alguns terminarão a leitura respirando fundo e concluindo: Eu, hein? Ainda bem que não tenho nada a ver com isso, meu sucesso e meu trabalho não dependem de nada disso. Mas pare e pense um pouco mais, meu amigo. No Brasil, todos os meses, cerca de 50 mil sites com a terminação .com são desativados, seja por opção de seu responsável, seja por abandono do endereço. Que tal um esforço coletivo para reduzirmos esse número pela metade ou, quem sabe, em um quarto?

Quem se habilita a iniciar essa discussão, importante para todos?

Quem terá todas as condições de isenção e reflexão para exercer esse papel de liderança e mobilização empresarial?

Terá chegado ao fim o empuxo econômico baseado nas empresas de tecnologia?

Há sempre alguns que acham que dados sobre a realidade são apenas notícias para encher páginas de jornais e revistas. Nesse caso, bola pra frente e pé na tábua, você não precisa de mais nada, nenhuma informação, nenhuma referência, você pode tudo, você saca tudo, e se para você o empreendedorismo não der certo, rabo entre as pernas rumo a um emprego público ou a um balcão de um grande varejista.

Chegou a Hora dos e-Livros?

Antes de conversar sobre o assunto, um pequeno acordo entre autor e leitores: nem e-book, a versão inglesa, nem livro eletrônico, expressão esdrúxula e desagradável. Prefiro a opção e-livro, pelo formato simples e mais cordial.

Três fatos recentes nos levam a acreditar que a hora do e-livro pode ter chegado. Não como perspectiva para o futuro, com ressalvas e dúvidas, mas sim como realidade palpável, para já, para ontem. Prepare-se: o e-livro chegou definitivamente. No Brasil, a Amazon anunciou o início de suas atividades para os primeiros meses de 2013, inclusive com a venda de seus Kindles localmente, e fabricados no país.

Vamos aos fatos:

1. Em 19 de maio de 2011, a Amazon divulgou um número histórico, numa data que no futuro será conhecida como Dia Internacional do Livro — que hoje é comemorado no dia 23 de abril, data da morte de Shakespeare. Naquele dia, a Amazon vendeu mais cópias de e-books do que cópias de livros em papel. Para cada 100 livros tradicionais, foram 105 eletrônicos. Um Kindle, que já custou US$ 350, hoje tem versões de até US$ 114. Apenas quatro anos separam esse marco histórico do dia do lançamento do primeiro Kindle. Mais de 500 anos de livros de papel nos separam da Bíblia de Gutenberg. A significativa redução dos preços dos e-livros e de seu conteúdo, num momento de crise econômica nos países desenvolvidos,

A crescente venda das publicações em formato eletrônico e a possibilidade de inclusão da plataforma na rede pública de ensino mudam as perspectivas para o futuro.

aponta para uma tendência de crescimento exponencial dessa plataforma. A própria Amazon prevê que, dentro de 12 meses, estará vendendo 200 e-livros para cada 100 livros de papel.

2. Reunidos no final de julho de 2011, os editores brasileiros vieram a público anunciar que preveem a debandada geral de editoras brasileiras para a educação digital. Os editores brasileiros de livros didáticos iniciaram uma corrida para se adequar ao Livro Didático Digital, iniciativa já sinalizada pelo governo federal para ser implantada nos próximos dois anos.

Gastamos por ano R$ 1,2 bilhão em livros didáticos. Os editores estimam que o custo desses livros cairá para R$ 240 milhões por ano com a introdução do Livro Didático Digital, ou seja, uma diferença de R$ 960 milhões. Temos hoje cerca de 24 milhões de alunos na rede pública de ensino fundamental e 2,45 milhões no ensino médio. Sem qualquer despesa acessória, o governo federal poderá adquirir das (14!!!) fábricas brasileiras cerca de 4,8 milhões de tablets no primeiro ano dessa nova política, para fornecê-los gratuitamente a todos os jovens brasileiros de 9 a 18 anos que frequentam a rede pública de ensino. A partir daí, haverá quase R$ 1 bilhão a menos de gasto por ano nesse programa, e a possibilidade de abastecer, a qualquer momento, esses tablets com a quantidade de livros que quiserem.

Em vez das velhas discussões sobre como melhorar ou ampliar as bibliotecas brasileiras, serão 4,8 milhões de bibliotecas a mais no país. Transformação, mudança, revolução é o nome desse jogo. Escolham o que quiserem.

Imaginem o impacto emocional e social dessa medida. O que farão esses jovens com um tablet nas mãos a partir dos 9 anos, podendo estabelecer padrões de alfabetização intensiva que deixam no passado os atuais resultados regulares de leitura?

Menos gráficas, menos celulose, menos tinta, menos transporte, menos movimento para os Correios e toda a infra que se segue. Imaginem as possibilidades desse mercado para jornais, livros e revistas.

Ou será que nada vai mudar e continuaremos lendo e-livros como lemos livros?

Nada, muito pouco, quase nada. Será que no Brasil tablets serão apenas telas para download de imagens, games e redes sociais?

Você É o que Você Fala: Condições Linguageiras

A linguagem é uma pirâmide invertida, que no seu ápice — a ponta — tem um léxico que não vai a mais de 3 mil palavras, e no nível mais alto tem um conjunto de mais de 400 mil. Infelizmente, a maioria dos brasileiros fala não mais que 3 mil palavras.

Com 3 mil palavras você é capaz de compor 30 mil frases ou raciocínios. Com 400 mil, é possível chegar a 7 milhões de frases, termos ou pensamentos. Entre um estágio e outro, um abismo de 6.970 mil pensamentos, conceitos e ideias. Só há inovação com profusão de raciocínios; sem isso, você alcança, no máximo, "espertezas", categoria chinfrim do mundo da inovação. Há, portanto, uma ligação direta entre o sucesso de sua fala e de sua vida.

Modernamente, condições linguageiras não são apenas idiomas de países ou povos, mas incluem também alfabetos profissionais, criados pelo uso comum de determinadas profissões ou visões de mundo. Você fala tecnologês? E administrês? Ou quem sabe publicitês?

Download, Plug&Play, Crumb, Java, backlight e budget são palavras que, tendo suas origens na língua inglesa, frequentam hoje o mundo inteiro. E você, como vai indo com suas condições linguageiras?

No começo da presença dos portugueses em nossas terras, era prática comum deixar alguns degredados por aqui, aos quais cabia a função de aos poucos entender e falar os idiomas locais. Esses portugueses, muito antes da criação da palavra "intérprete", eram chamados de

> Quanto mais palavras alguém domina, mais raciocina. Que tal aumentar a sua base?

"línguas", ou melhor, "os línguas". Qual é seu desempenho hoje como um "língua"?

Recebo algumas vezes e-mails reclamando, delicadamente, é claro, de algumas palavras usadas em meus artigos. No último deles, chamaram atenção para "tergiversar" e "cartapácio".

Para minha alegria, "cartapácio" foi usada pelo ministro Cezar Peluso dois dias depois de o artigo ser publicado, referindo-se ao seu voto no tormentoso e histórico julgamento que ficou conhecido como Mensalão.

Outros reclamam não de minhas palavras, mas dos economistas e ensaístas em geral, que usam em excesso palavras estranhas ou estrangeiras. A defesa do linguajar brasileiro se confunde então com a severidade na defesa da herança luso-falante.

Melhor que argumentos, uma breve fábula surrealista resume meu ponto de vista:

De **anáguas** ou **tanga** e **missangas**, uma **guria** observava o **furacão** que varria o **pampa**. Em fuga, **colibris**, **condores**, **araras**, **tucanos**, **patativas**, **urubus**, **ocós** e **sanhaços**.

No **Açu**, o **cacique**, em sua **canoa**, tentava escapar do **tobogã** em que **tubarões**, **jacarés**, **crocodilos**, **jiboias**,

ariranhas, lambaris, jaburus, pererecas e **piranhas** lutavam para sobreviver.

Na **savana**, um **curumim** tentava espantar **lhamas, pumas, vicunhas, jaguares, pacas, suçuaranas, tamanduás** e **tatus.** Numa **quitanda** próxima, uma **quizila** envolvia **químicos** e **alquimias.** De **tocaia,** bandos histéricos de **muriçocas** devoravam **papaias, abacates, cacau, tomate, abacaxi, mate, tapioca, abiu, açaí, aipim, amendoim, sapotis, bacuri, cajás, jabuticabas, macaxeira, mandacaru, mangabas** e **maracujás.** Na ponta de **cipós,** o **sacana** do **Saci farfalhava** entre **mognos, babaçus, embaúbas, perobas, maçarandubas.** No caminho, **dengues** num **baiacu,** num **curiboca,** num **jacu,** num **tracajá,** num **oiti.** No **igarapé,** como um **esquimó,** olhava o **capim,** a **congonha** e a **caatinga** e pensava nas agruras dos **xexéus,** dos **caiporas,** dos **corocas,** especialmente os **tingas,** os **pebas** e os **pubas.**

À exceção das últimas três palavras, todas as demais em negrito são usuais no nosso português. São tupinismos presentes em nossa língua ou heranças africanas e de várias etnias americanas. *Tinga* quer dizer branco, *peba* quer dizer chato, e *puba* quer dizer mole, fraco.

Línguas são expressões vivas, que se movimentam com o tempo e as culturas que se superpõem. Que tal você escrever um conto em tecnologês? Ou em italianês, influência cada vez maior em nosso dia a dia?

Ou que tal aumentar a base de sua condição linguageira falando mais, melhor, com mais precisão, beleza e clareza? Seu futuro agradece.

Tente, não dói, não arranca pedaços, a não ser que você já esteja acostumado e satisfeito com a condição, que alguns talvez lhe atribuam entre os dentes, de peba, puba ou curiboca.

P.S.: Este artigo é dedicado à memória dos professores Antônio Houaiss e Antenor Nascentes, sem os quais ele não existiria.

Consumidor: Ai se Eu te Pego!

Neste país cada vez mais estranho e original, caminhamos aceleradamente para um mundo de verdades cada vez mais retiradas do bolso do colete, como quem saca uma balinha de menta esquecida no velho terno há muitos anos. A balinha, amolecida e gosmenta, ainda serve e, na falta de melhor glicose, é consumida como iguaria.

Os leitores que me acompanham conhecem meu perfil profissional, portanto não preciso reafirmar meus compromissos com a internet e especialmente com o comércio eletrônico e a reflexão sobre os caminhos da rede. Mas o que não posso é ouvir ou ler informações que não passam de saques — alguns verdadeiros aces — sem dar um pequeno gemido, uma advertência de quem procura sempre entender sem meias palavras o que se passa.

Depois de mais de 15 anos de uso do comércio eletrônico, aqui e alhures, temos de admitir que alguma coisa não vai bem e que as projeções e as certezas do início deste século não estão se realizando. Não falo de usos da internet como instrumento de mídia de massa, como instrumento de transações bancárias e atividades de turismo, entre outros tantos setores em que a internet veio e ficou. Refiro-me especificamente ao varejo on-line.

Em 2011 — vamos adotar 2011 como base, pois os números estão totalmente consolidados —, nos Estados

Unidos, as vendas totais do varejo ultrapassaram os US$ 4 trilhões, enquanto as vendas totais do e-commerce chegaram perto de US$ 190 bilhões. O e-com-

> A participação do e-commerce no faturamento total do varejo ainda é pequena – e não vem crescendo como deveria.

merce representa, nos EUA, cerca de 5% das vendas totais do varejo.

No Brasil, em 2011, o varejo total cresceu aproximadamente 7%, chegando a ultrapassar a barreira de R$ 700 bilhões. No mesmo período, o crescimento das vendas nos shoppings foi de espantosos 18%, levando o faturamento do setor para cerca de R$ 108 bilhões, ou seja, um resultado equivalente a mais de 15% do total do varejo brasileiro. Claro que shoppings não são apenas varejo, mas o que interessa nesta discussão é o empuxo do crescimento.

Segundo a e-bit, empresa responsável pelo levantamento dos dados de e-commerce no Brasil, fechamos em 2011, por exemplo, R$ 18 bilhões em vendas, com crescimento de 25% sobre 2010. Esse resultado indica que o e-commerce representa apenas 2,5% do varejo brasileiro. Resumindo: depois de mais de 40 anos da abertura do primeiro shopping brasileiro, o setor cresce 18% ao ano, enquanto a internet, com menos de 20 anos, cresce 25%.

Em 2010, o faturamento do varejo total cresceu os mesmos 7% de 2011, enquanto os shoppings cresceram 9%, contra 18% em 2011. O e-commerce cresceu 40% em 2010, contra 25% em 2011. Dos três, o único que reduziu suas taxas de crescimento foi o e-commerce.

Falando claramente: um aumento anual de 25% sobre uma base tão pequena é muito pouco. Nosso e-commerce só alcança, no total das vendas, metade da participação que tem o e-commerce norte-americano. Nosso PIB é hoje seis vezes menor do que o PIB norte-americano, mas nosso e-commerce é quase 16 vezes menor do que o deles.

Em anos anteriores, de 2000 até 2010, o crescimento anual de nosso e-commerce foi sempre acima de 40%. Com os shoppings crescendo a 18% e o e-commerce a 25% ou até menos em 2012 (já se fala em alguma coisa entre 12% e 15%), alcançaremos a estabilidade, em um patamar muito baixo, desse modelo de negócios no Brasil? Com tanta imprensa a favor, afinal, o que vem acontecendo com as compras virtuais no Brasil?

Ou nos Estados Unidos, onde grandes empresas de consultoria preveem que, em 2020, cerca de 30% do varejo norte-americano serão virtuais?

Outra característica da situação atual desse mercado é sua participação na mídia. Entre 1998 e 2003, era comum encontrar nas páginas de jornais e revistas e nas telinhas de TV, anúncios de empresas brasileiras de internet, algumas delas com presença constante e regular.

A edição do Rock in Rio 2002 foi patrocinada pela AOL Brasil, que investiu naquela época US$ 25 milhões no projeto. Esse talvez tenha sido o maior investimento de uma empresa pontocom num só projeto publicitário e de marketing no país.

Nesse mesmo período, empresas de TI e internet chegavam a ocupar cerca de 30% a 35% do espaço das grandes revistas semanais de informação.

Hoje, a presença de sites na mídia brasileira resume-se basicamente a alguns de venda de produtos turísticos, compras coletivas e portais de e-commerce. Poucas inserções e pouca visibilidade.

Claro que na fase anteriormente citada a baixa penetração da internet no país obrigava os empreendedores a "criarem" seu público fora da rede. Hoje, a web cria seus próprios recursos de comunicação e a própria internet, como um todo, é conteúdo e processo de divulgação.

A lamentar também uma característica própria de nosso mercado: nos EUA, o US Census Bureau News levanta todos esses dados conjuntamente e os divulga regularmente. No Brasil, você pode escolher a origem dos dados, dispersos em diversos órgãos. No caso deste artigo, o total do varejo vem do CNDL, o dos shoppings vem da Abrasce, e do e-commerce, da e-bit.

Serão esses dados compatíveis entre si?

Em todo caso, faça sua própria mensuração: em 2011, você comprou (em valores) 50% a mais pela internet ou apenas manteve um patamar que já havia alcançado, com pouca variação? E o impacto das classes C e D na internet para onde foi?

Temos mídia atenta ao tema, temos empreendedores cada dia mais bem estruturados, temos um país de 90 milhões de compradores, temos um uso de mídias e redes sociais cada vez mais intenso. Mas onde estão os consumidores do varejo on-line? O que falta para que sejamos capazes de aumentar o nível da atividade? Quem sabe uma nova versão do "ai se eu te pego" capaz de seduzir mais e melhores consumidores?

Enquanto isso, 90% dos artigos que você encontra na rede continuam falando no crescimento explosivo da internet no varejo.

Balinha velha e gosmenta? Não, obrigado, estou fora.

P.S.: E a campanha publicitária do Sundown, na qual a internet é apresentada como inimiga do sol, da praia, da vida natural, do Sundown? Podemos não vender o que queremos, mas sabemos construir adversários!

Você e a Internet: Parceiros ou Apenas Conhecidos?

O mercado brasileiro de comércio eletrônico ainda não produz estatísticas regulares e precisas sobre o comportamento de seus principais atores; assim, não somos capazes de avaliar com precisão o que vem acontecendo por aqui com nossas empresas, à exceção das que têm seu capital aberto ao público, que são muito poucas, mas que vão muito bem, acima das expectativas.

O que temos no Brasil são estatísticas gerais de comportamento dos usuários e de desempenho sazonal de e-commerce, o que nos dá uma visão geral do mercado, mas não uma visão de como vão as empresas individualmente. O que podemos afirmar é que em 2011 o comércio eletrônico no Brasil cresceu em torno de 25%, enquanto o varejo como um todo teve um crescimento de 6% a 7%. Ainda assim, o peso do comércio eletrônico no total das vendas de varejo não chegou a 5%. Cabe, no entanto, a pergunta: se já existe uma possibilidade de somar (no mínimo) mais 5% ao meu faturamento, eu devo desprezar essa possibilidade ou fazer com que ela funcione a meu favor?

Algumas grandes cadeias de varejo já têm a internet e o comércio eletrônico como responsáveis por mais de 25% de suas vendas. São eles as Lojas Americanas, o Ponto Frio, a Ricardo Eletro, as Casas Bahia e o Grupo Saraiva.

A partir de 2012 você deve ficar atento às seguintes tendências:

1ª: O crescimento do comércio eletrônico continua estável e firme, apesar da renitente crise econômica, aqui e no resto do mundo. Nos EUA, com toda a crise, o comércio eletrônico continuou crescendo a mais de dois dígitos em 2011.

2ª: Especial atenção deve ser dada aos sites que têm alto desempenho nas redes sociais, pois eles podem dar saltos muito rápido em suas vendas ouvindo atentamente as opiniões e observações dos usuários. Se você ainda não utiliza as ferramentas de interatividade das redes sociais, está perdendo tempo.

3ª: O terceiro aspecto importante do uso do comércio eletrônico é a compreensão do papel da internet na decisão de compra dos consumidores, processo que se dá antes da compra no mundo físico. Antigamente, um consumidor consultava amigos e parentes antes de decidir sua compra. Hoje, o usuário decide consultando a internet e, depois disso, comprando onde lhe aprouver. Ao entrar numa loja física, o comprador brasileiro hoje, na maioria das vezes, já sabe o que quer, o preço do produto e o prestígio de cada marca.

4ª: Para nós no Brasil é muito importante observar um dado estimulante: já temos cerca de 2.600 mil sites com a terminação .com.br. Isso significa que a cada ano cerca de novos 900 mil sites são abertos. O número de novos empreendedores no Brasil cresce em cerca de 2 milhões anualmente. Nas novas gerações o desejo de um emprego estável numa grande empresa ou a sinecura do emprego público perdem espaço para o desejo de criar seu próprio futuro e caminhar com as próprias pernas, independentemente dos riscos e ameaças do mercado. Nesse quadro, a internet e o comércio eletrônico desempenham um papel fundamental. Terminamos 2012 com 95 milhões de usuários da internet, a grande maioria utilizando aparelhos móveis.

5ª: Em 2012, alguns setores da internet foram considerados pelos analistas sólidas apostas para excelentes resultados. São técnicas e tendências que impulsionarão, cada uma delas, o varejo no Brasil e no mundo. São eles:

a) Sites de streaming de filmes, publicidade, promoções e séries de TV para residências e para o público em geral.

b) Sites de ofertas de preços (atenção, não falo de sites de compras coletivas) para shoppings, centros comerciais, ruas conhecidas de comércio, áreas de comércio agrupadas em bairros ou ruas.

c) Sites de logística e entregas: o mercado brasileiro ainda sofre com a qualidade desses serviços. Quem sabe você pode utilizar sua própria estrutura de entregas para oferecer serviços em seu bairro ou em sua pequena cidade?

d) Sites de informações sobre hábitos familiares de consumo e tendências. No Brasil não há qualquer operação mais estruturada nessa área.

e) Sites de soluções em e-commerce, e-marketing e pagamentos on-line. Pode ser uma das grandes surpresas do mercado nos próximos anos.

f) Uso de aplicativos em tablets, smartphones e outros aparelhos móveis para incrementar vendas e contatos com clientes e fornecedores.

> 95 milhões de brasileiros têm acesso à internet. Trata-se de uma amizade de verão ou uma parceria duradoura?

Já se vai o tempo em que artigos sobre comércio eletrônico eram escritos com o objetivo de garantir aos lojistas que o comércio tradicional estava por um fio. Mas lá se vai também o tempo que tradicionais varejistas olhavam a internet como um bicho-papão, uma linguagem indecifrável. Hoje, ambos sentam-se à mesma mesa, falam a mesma língua, procuram os mesmos objetivos. Lado a lado, procuram onde está o consumidor, o que ele quer e precisa, e como fazê-lo satisfazer-se quando chega à sua porta.

Exatamente da mesma maneira que fazíamos no tempo do escambo, dos bazares, das feiras livres e até das praças dominicais.

Como faremos amanhã com produtos em 3D e objetos inexistentes no mundo físico.

Pena não poder terminar o artigo comparando resultados com empresas brasileiras. Um dia, quem sabe, saímos da era dos press releases e das declarações de intenções para um tempo de mais profissionalismo e informações precisas e abertas ao público, que as merece cada vez mais.

Três Dicas de Enriquecimento

O (A) amigo(a) aí vai lendo tranquilamente sua revista on-line e de repente, não mais que de repente, é obrigado(a) escolher entre três opções: Kanban, pico-fim e coisas vagas. Vamos, diga lá, não tergiverse, escolha logo: opção K, PF ou CV?

Feita a provocação, passemos aos fatos, essas desagradáveis presenças cotidianas em nossas vidas. Antes de mais nada, relembro minha insistência em afirmar que sem aprender não há empreender, sem educar não há povo, sem saber não há país, sem experiência sensorial não há PIB, crescimento sustentável ou futuro promissor. Pensei até em sugerir a criação de um novo título editorial para tratar apenas desse assunto, que poderia se chamar "Pequenos Neurônios & Grandes Sinapses". O que lhe parece?

Se você foi atraído pelo título da matéria, é hora das boas notícias, hora do enriquecimento, tradução possível para a palavra *enlightment* (iluminação), que os povos de língua inglesa tanto apreciam e usam.

Dica número 1:

Você deveria acompanhar o movimento Agile Brazil, centrado na discussão do uso descomplicado e mobilizador das tecnologias de informação. O movimento Agile é uma iniciativa internacional que vem crescendo aceleradamente por aqui. São cursos, vivências práticas, palestras e troca de experiências entre milhares de pessoas e empresas ao longo de cinco dias. Você gostaria de ouvir um tecnólogo da NASA contar suas experiências na utilização do método Kanban? Caravanas de empreendedores e jovens envolvidos em tecnologia de todo o país vão para rumos diversos durante todo o ano para participar das reuniões do movimento Agile. Veja quando é o próximo, mochila nas costas e boa viagem.

Dica número 2:

Na outra ponta desse pêndulo, refletindo sobre o reverso da agilidade, acontece no Rio e em São Paulo, a cada ano, o ciclo de palestras Mutações, coordenado pelo filósofo Adauto Novaes, que vem realizando encontros há muitos anos, sempre com bastante sucesso e repercussão. Ano passado, o tema foi uma frase do poeta francês Paul Valéry: "Nenhuma sociedade pode se estruturar sem as 'coisas vagas'."

No entanto, estamos cada vez mais longe dessa afirmação. Tudo parece estar — na vida comum, nas empresas, nas instituições — determinado, planejado, preenchido, e o adjetivo "vago" não cumpre as exigências da produção, da tecnologia e da ciência. O futuro não é mais o que era antigamente, espelho da incerteza e da esperança? Que futuro tem uma sociedade e uma pessoa — sim, você aí que me lê — que perdeu contato com a reflexão? Será o futuro, a partir de agora, o tempo do sempre igual? Estará extinto o significado do futuro como tempo de espera, imaginação e pensamento, as "coisas vagas"?

Será possível, de alguma forma, ser "ágil" e não se apartar das "coisas vagas"?

Dica número 3:

Está à venda nas melhores livrarias (e nas piores também) o livro *Rápido e devagar — duas formas de pensar*, do Prêmio Nobel de Economia de 2002 Daniel Kahneman.

Vejam que interessante, Daniel é psicólogo e foi Prêmio Nobel de Economia!

É exatamente para essa capacidade de compreender os contrários que quero chamar sua atenção: agilidade, coisas vagas, psicologia e economia, pensar rápido e pensar devagar. Voltando ao Kahneman, ele afirma que temos dois formatos de decisões e pensamento, a mente rápida e a mente devagar, e que as duas são igualmente importantes e significativas, e que devemos aprender a usar as duas, cada uma no seu devido momento. Pico-fim é um dos conceitos criados por ele. Diz Kahneman:

"Muitas vezes as pessoas fazem previsões ou tiram conclusões exageradas sem terem evidências suficientes para tal. Tendemos a superestimar nossa compreensão do mundo e subestimar o papel do acaso. A heroína habitual da história é a mente rápida, responsável por grande parte de nossas decisões e percepções de mundo. Mas gostamos de pensar que agimos com a mente devagar, que somos razoáveis e racionais. Nem a racionalidade humana é um mito, nem o pensamento intuitivo é necessariamente irracional."

Não deixe passar a grande oportunidade da leitura, digital ou analógica, desse cartapácio.

Eis aí, como prometidas, as três dicas de enriquecimento e iluminação, que são

> As próximas semanas trazem boas oportunidades para mudar seu destino.

capazes de milagres, inclusive, como as videntes e cartomantes prometem, de trazer a pessoa amada em três dias.

Claro que a provocação inicial era apenas um jogo de palavras para tentar interessá-lo no artigo. Opções não são necessárias, vá ao Agile e ao Mutações com o livro do Kahneman debaixo do braço. Eu estarei lá, ouvindo e falando, e com o livro já devidamente devorado.

O Tempo e os Ventos

Não há dúvida: vivemos tempos de surpreendentes erupções de inquietação e repulsa aos valores e comportamentos dominantes, em partes diferentes do mundo, cada uma com seus problemas e perfis.

Tenho uma tese meio fatalista, mas que se aplica com razoável precisão: de 20 em 20 anos (mais ou menos) somos acometidos de uma comichão insuportável, um sentimento de cansaço infinito e, como um cachorro pulguento, sacudimos o dorso e com ele se vão vermes apodrecidos de vários tipos.

Em 1968, a erupção foi na Europa Ocidental e nos Estados Unidos, consequentemente os reflexos chegaram até aqui. De uma vez, milhares de jovens foram às ruas e, de pronto, conceitos e comportamentos foram modificados, mais do que governos e regimes. Em 1989, a queda do Muro de Berlim reproduziu o mesmo fenômeno na Europa Oriental, e dezenas de países que naquele momento viviam sob uma experiência política, cultural e econômica chamada socialismo real deixaram para trás décadas de História, e um poder que parecia firme e consolidado se transformou em ruínas. Agora vemos, movidos por um toque invisível, milhares de homens e mulheres ocuparem as praças no norte da África e no Oriente Médio, e numa profusão de tendências e pensamentos reduzir tudo a uma espécie de "basta histórico", que mais uma vez pode não mudar (ou mudar) governos e regimes, mas mudará, com certeza, comportamentos e visões de mundo.

> Por que não temos nenhum nome da área de tecnologia e mídia eletrônica, na geração de 30 a 40 anos, com expressão nacional?

Desta vez, o protagonismo da internet é a grande novidade e muitos atribuem às redes sociais um papel central no planejamento e organização das manifestações. Como tudo na vida, o calor dos acontecimentos recomenda prudência e análise criteriosa antes de opiniões definitivas sobre o assunto, mas, sem dúvida, há algo de novo nos ventos.

Quero, no entanto, ressaltar um novo aspecto nas recentes manifestações, e esse aspecto tem nome, identidade e endereço: Wael Ghonim, o head de marketing do Google no Egito, que com seus 30 anos se tornou símbolo ativo de uma geração e de uma forma de ver o mundo.

Trata-se de um profissional da área que, para além do seu dia a dia, projeta influência no seu país e no mundo. Outros casos conhecidos são o da jovem blogueira cubana Yaoni Sanchez e do agora pop star Assange, do WikiLeaks, com seu jeitão de mordomo de filme inglês.

Confesso que sou tomado por um sentimento que pode ser resumido numa palavra: conflexo. A palavra, que não é minha, faz parte da linguagem de um belíssimo filme de animação chamado *Mary e Max* (não deixem de ver), e soma confuso + perplexo.

Exemplos históricos de momentos em que informação e conhecimento foram mortais não faltam: Ciro e seu império, baseado na invenção do escudo, os mongóis de Gengis Khan e seu império colonial, que incluiu Europa e Índia, baseado no Arco de Pontas Invertidas, Pizarro e o massacre dos incas comandados por Atahualpa, baseado em cavalos e armas de ferro.

Impérios são baseados em desejo de conquista, oportunidades históricas e inovação. Hoje, a conquista não é mais militar, é conceitual. Somos submetidos, um a um, aos processos dos novos tempos, que tem a individuação como principal conceito.

O Eu passa a ser a principal expressão do mundo. Um mundo de solitários num mundo de massas conectadas. Nesses novos tempos inauguramos novas formas de expressão, e vamos lentamente aposentando, mas regularmente, os meios de expressão do século 20 e dos séculos anteriores.

Com os instrumentos de inteligência artificial vamos criando, ao lado da expressão individual, os entes coletivos de pensamento e expressão.

Quem sabe, em breve, o fim das instituições herdadas da Revolução Francesa, Executivo, Legislativo e Judiciário, como as conhecemos hoje.

Uma nova classe, a dos empreendedores digitais, já agora quase todos nativos digitais, ocupa cada vez mais espaço na sociedade.

Mas por que não temos nenhum nome da área de tecnologia, na geração de 30 a 40 anos, com expressão nacional? Por que jogadores de futebol, estilistas, músicos, modelos, publicitários, celebridades ocasionais e tantos outros setores criam e projetam lideranças para fora de seus limites, criando personalidades que influenciam o país como um todo?

Sim, há muitos nomes conhecidos em blogs e dentro das redes sociais, mas qual deles se projeta sobre a sociedade brasileira como uma referência?

Por que nossos empreendedores digitais (pequenos, médios ou grandes) perdem seu espaço assim que saem da toca e nossos executivos e tecnólogos, muitos deles com grande capacidade e articulação, jamais atravessam os umbrais das referências internas?

Esta é uma daquelas perguntas cuja resposta vale um milhão de dólares.

Conflexo, olho para os lados e não consigo encontrar uma resposta.

2014 Está Chegando: Previsões Inéditas

N ão há dúvida alguma, 2013 já está envelhecendo. Você deve ter lido mais de 300 previsões para o ano e segundos depois da leitura, que se embaralha a cada boa ou má notícia, você já não sabe mais em que oráculo se basear. Levando em conta o fato de que é muito difícil para qualquer empresário realizar mudanças em sua empresa para 2013 já em pleno 2013 (mudar de rumo exige planejamento e tempo para se adequar a novas tendências), vamos dar início aqui a uma nova prática: anunciar no primeiro trimestre as previsões infalíveis e as tendências de mercado para 2014. Assim estaremos à frente do tempo e você terá o resto do ano para fazer seu negócio ou sua vida tomar novos rumos com calma e precisão. Justificada a aparente sofreguidão do título, vamos ao que interessa:

Previsões para 2014:

1. Em dezembro de 2013 você começará a leitura de mais 300 previsões para 2014. E ficará como uma barata tonta, à procura de algo que lhe pareça a sua verdade, e assim sucessivamente repetirá esse comportamento, até o fim do mundo.

2. E por falar nisso, o mundo NÃO vai acabar em 2014. Na última década tivemos várias previsões *acabistas* (sim, a palavra não existe no dicionário, acabou de ser inventada), cada uma delas baseada em calendários ancestrais,

Nostradamus, os incas, os gigantescos asteroides que iriam colidir com a Terra. Posso lhe garantir logo duas coisas, amigo leitor: a Terra um dia vai acabar e esse dia não será em 2014.

3. Em 1º de janeiro de 2014 os veículos de comunicação estarão reverberando os ecos das festas de passagem de ano, e Copacabana e avenida Paulista continuarão disputando a gincana "Eu chuto mais que você". Esse ano a Paulista anunciou dois milhões de pessoas na avenida e Copacabana logo retrucou com dois milhões e 300 mil praianos. Chega a ser patético o nosso desprezo pela realidade quando falamos de números, sempre redondos, para qualquer coisa, sejam dicas de enriquecimento rápido, fórmulas de gerir empresas ou listas de melhores do ano. Se o número é uma estimativa, por que não dar um toque de realidade e seriedade anunciando 1.748.392 foliões tanto no Rio quanto em São Paulo?

4. Minha previsão, no entanto, é que haverá, oficialmente, dois milhões e 200 mil pessoas na Paulista e dois milhões e 500 mil em Copacabana no próximo réveillon, essa estranha palavra francesa que se abrasileirou. Assim como todas as listas de "melhores", "dicas" ou "tendências" manterão o 10 e seus múltiplos como formato. Nada contra a sensação de certeza e totalidade que esses números trazem para quem lê. É uma questão de justiça e equidade, coitados do 11, do 17 e do 39.

5. O livro de economia & gestão mais lido no Brasil em 2012 foi a biografia de Eike Batista, o flamboyante líder do grupo "X" de empresas. Em 2010, Abílio Diniz

(ex-Pão de Açúcar) ocupou esse mesmo trono. Enquanto gastam seu precioso tempo escrevendo suas biografias, essas estrelas de nossa economia deixam de dar atenção às suas empresas, que ou são perdidas de vez (caso Abílio) ou batem o recorde mundial de desvalorização (caso Eike). Eike perdeu, em 2012, mais de dez bilhões de dólares, honrando as cores nacionais com essa vitória inequívoca. O segundo colocado nessa lista, a dos perdedores de 2012, foi o conhecido Mark Zuckerberg, um rapazola americano, que não foi capaz de perder mais de cinco bilhões de dólares em um ano.

Previsão para 2014: o livro de economia mais lido pelos brasileiros em 2013 será escrito pelo próximo empresário brasileiro que perderá o rumo de seus negócios enquanto trata de nos ensinar como chegar ao topo. Você aí que está no início da corrida, não esqueça: nunca escreva sua biografia enquanto estiver no topo, dá azar ou incita o olho-grande, a inveja, o mau-olhado. Guarde seus ensinamentos para depois da aposentadoria, é mais seguro e o risco é zero.

Há também outra constatação da qual não posso fugir: será que estamos lendo mal, buscando sem qualquer juízo crítico uma chave para enricar por imitação?

6. Em janeiro de 2013, autoridades econômicas e entidades empresariais anunciam suas previsões para o crescimento do Brasil em 2013, o famoso PIB.
7. Minha previsão para o PIB de 2013 e o de 2014: ele pode ser qualquer número inteiro ou fração contido na escala matemática, menos o anunciado em janeiro. Foi assim em

2009, quando tivemos o "pibão" e foi assim em 2011 e 2012, quando os números reais estiveram muito abaixo do esperado, criando a expressão "pibinho".

Mais uma vez pergunto: por que somos tão infelizes em nossos palpites quando a matemática se faz presente?

8. Não encontrarão a tradução exata e adequada para a expressão inglesa *wishfull thinking*.

9. Dois dias depois do Natal de 2012 encontrei diversas notícias que refletiam opiniões de lojistas dizendo que as vendas de Natal tinham sido muito boas, com uma previsão de 6% de crescimento. Na primeira semana de janeiro de 2013 encontro vários dirigentes lojistas e economistas afirmando que o crescimento de vendas no Natal (realmente de 6%) foi morno ou insuficiente. Nesse caso acertamos no número, mas erramos na conclusão. Passados 10 dias e possivelmente também o porre de euforia natalina, o que era muito bom virou morno. Esse fato vem também se repetindo há muitos anos e vai se repetir em 2013, 2014...

10. Ano Novo e Ano Velho são duas ficções da existência, criadas recentemente (nos últimos 300 anos) para estabelecer uma espécie de rito de passagem: num passe de mágica, tudo o que vivemos ficou velho e por convenção, daquele segundo em diante tudo será novo. Durante a maior parte da história humana comemorávamos as estações do ano, hábito que ainda se mantém em várias religiões. Essas comemorações não tinham o sentido de "envelhecer" a vida que passou, mas lembrar a todos os tempos de plantar, aguardar, colher e recolher-se, como

num rondó da vida, reiniciar os ciclos, todos eles novos e velhos, todos eles atados entre si. É tal a velocidade das chamadas "mudanças" que muito em breve estaremos reduzindo o ano para seis meses, para que duas vezes por "ano" sejamos renovados por completo. Mas a vida real não é assim: uma tendência pode vigorar de agosto a março de outro ano e uma dica de negócios pode durar uma semana, um mês ou um século. Tenho uma vasta coleção de livros sobre administração e gestão, publicados na última década. Depois de um curto período, os conselhos e os formatos de gestão ficam ridículos, muitos deles perfeitamente adequados para render fortes gargalhadas.

11. A grande sacada é perceber que nada é inteiramente "novo" e nada é absolutamente descartável. Todos os dias de nossa vida somos tentados a recolher o lixo da existência e enterrá-lo num buraco fundo. O lixo do trabalho inacabado, dos projetos não realizados, das empresas que não vingaram, das novidades tecnológicas que você joga na lixeira depois de alguns meses. Viver e renovar-se permanentemente, transformando experiências e escombros pessoais em gestos positivos deve ser nossa agenda diária. Experimente em 2013 e em 2014 reciclar sua existência sem medo, sem jogar fora o passado. Freud dizia que o passado sempre volta, que ele é o "eterno reprimido que retorna".

12. Em 2014 estará na moda refletir, aumentar seu poder de crítica e conhecimento, de identificar pensamentos e caminhos inúteis. Não basta ler sem refletir sobre o que você lê, não basta aprender sem espírito crítico, não basta

decorar breviários que muito em breve serão apenas papel para embrulhar peixe na feira.

Que tal pensar logo em 2014, depois de centenas de listas de previsões para o ano de 2013?

13. O tempo que nos escorre por entre os dedos costuma não dar avisos. Num passe de mágica ele transforma um adolescente inflamado num envelhecente ranheta. Mas nenhum desses personagens se estabelece de todo, somos sempre a soma dos dois num enfrentamento diário e num só corpo.

Última previsão: em 2014 você será convidado a viver, como está sendo em 2013. Não espere, faça-o já: não se esconda por achar que sabe pouco ou pode pouco. Não é assim que são formadas as grandes pessoas. Elas são sempre as que mais arriscam, mais tentam, errando ou acertando. Espero por você nessa estrada.

**Até lá e um excelente 2014, um maravilhoso futuro, com saúde, lucidez, energia e senso crítico.
Estes votos valem também para JÁ!**